Optimal B1

Lehrwerk für Deutsch als Fremdsprache

Intensivtrainer

von

Elke Burger

in Zusammenarbeit mit Birgitta Fröhlich und Virginia Gil

Langenscheidt

Berlin · München · Wien · Zürich · New York

Redaktion: Manuela Beisswenger
Visuelles Konzept, Layout: Ute Weber in Zusammenarbeit mit Theo Scherling
Umschlaggestaltung: Studio Schübel Werbeagentur; Foto Getty Images / V. C. L.
Zeichnungen: Theo Scherling
Fotoarbeiten (soweit im Quellenverzeichnis nicht anders angegeben): Vanessa Daly

Optimal B1 – Materialien

Lehrbuch B1	47061
Audio-Kassetten B1	47064
Audio-CDs B1	47065
Arbeitsbuch B1	47062 mit eingelegter Lerner-Audio-CD
Lehrerhandbuch B1	47063 mit eingelegter Lehrer-CD-ROM
Testheft B1	47066 mit eingelegter Audio-CD
Intensivtrainer B1	47067
Lerner-CD-ROM B1	47068
Einstufungstest und Glossare im Internet	

Symbole im Intensivtrainer *Optimal* B1

Ü 7   **Übung 7** in diesem Kapitel

→ A 7   Diese Übung gehört zu **Aufgabe 7** im Lehrbuch

Internetadressen:
www.langenscheidt.de/optimal
www.langenscheidt.de

Umwelthinweis: gedruckt auf chlorfrei gebleichtem Papier

© 2007 Langenscheidt KG, Berlin und München

Das Werk und seine Teile sind urheberrechtlich geschützt.
Jede Verwertung in anderen als den gesetzlich zugelassenen Fällen
bedarf deshalb der vorherigen schriftlichen Einwilligung des Verlages.

Satz: kaltnermedia GmbH, Bobingen
Druck: Mercedes-Druck, Berlin
Bindung: Stein + Lehmann GmbH, Berlin
Printed in Germany
ISBN 978-3-468-47067-7

Optimal B1

Intensivtrainer

Inhalt

1	Von einem Ort zum anderen ...	6
2	Die zweite Haut	12
3	Berufswelt	18
4	Wien	24
5	Leben zwischen Kulturen	30
6	Geschäftswelt: Kunst	36
7	Gute Nachrichten?	42
8	Guten Appetit!	48
9	Soziale Berufe	54
10	Ein Dach über dem Kopf	60
11	Erholungsräume	66
ZD	Ausklang und Wiederholung	72

Rückschau 76
Lösungsschlüssel 77
Quellen 85

1 Von einem Ort zum anderen ...

Ü 1 Schreiben Sie je 2 Sätze.

Über „Weggehen – Auswandern" sprechen
→ A 2

1. Ich / 2 / seit / lebe / in / Monaten / Amerika. / • / ängstlich. / ich / skeptisch / Anfang / war / Am / und
2. zweite / Heimat. / meine / Sydney / ist / • / mir. / im Beruf / hier / das Land / gefällt / habe / Ich / und / Erfolg
3. verdiene. / als / lieber / arbeite / ich / Ich / in Deutschland / weil / in Polen, / besser / hier / • / vielleicht / nach Polen / meine Freunde / vermisse / wieder / gehe / Aber / zurück. / ich / und
4. bin / aus dem Koffer. / Ich / oft / und / unterwegs / lebe / • / Wie lange / nicht. / ich / will, / das / noch / weiß / ich / machen
5. kann / nicht / zu Hause / lange / Ich / leben. / • / ist / mich / fasziniert / wie / alles, / am Reisen / zu Hause. / was / so / nicht / Deshalb

1. *Ich lebe seit 2 Monaten in Amerika. Am Anfang ...* war ich skeptisch und ängstlich
2. _____
3. _____
4. _____
5. _____

Ü 2 Ordnen Sie zu.

Über Auslandserfahrungen berichten
→ A 3

1. ___ Ich lebe seit 6
2. ___ Mikis und ich sprechen
3. ___ Mikis Freunde machen mir Komplimente,
4. ___ Das Leben hier ist nicht so einfach,
5. ___ Ich koche ganz anders
6. ___ Ich möchte gern arbeiten,

A weil vieles ganz anders ist als in Deutschland.
B aber das möchte Mikis nicht so gern.
C als die Mutter von Mikis.
D weil ich schon so gut Griechisch spreche.
E fast nur Griechisch miteinander.
F Monaten in Thessaloniki.

Ü 3 Ergänzen Sie.

Reisen • Tourismuskauffrau • Tourist • Flussüberquerung
Angst • Konsulat • Fremdsprachenkenntnisse • Erfahrung

Informationen zur Person sammeln

→ A 5

Virginia T. ist _____ (1) und spricht drei Sprachen, weil man in ihrem Beruf unbedingt _____ (2) braucht. Nach der Ausbildung wollte sie viel reisen, denn praktische _____ (3) ist in ihrem Beruf sehr wichtig, und sie wollte selbst wissen, welche Probleme man als _____ (4) haben kann. Sie findet, dass Probleme zum _____ (5) gehören und wer _____ (6) hat, zu Hause bleiben soll. Sie selbst hat bei einer _____ (7) auch schon einmal ihren Pass und ihr Geld verloren. Aber das spanische _____ (8) konnte ihr helfen.

Ü 4 Wie heißen die Fragen? Schreiben Sie.

ins Ausland fährt? • etwas Besonderes erlebt? • Erlebnis in einem fremden Land?
Ihren Pass verloren haben? • auch mal Probleme? • im Ausland?

Reiseerlebnisse erzählen

→ A 7

1. Was ist wichtig, wenn man _____
2. Sind Sie oft _____
3. Haben Sie auf Ihren Reisen mal _____
4. Hatten Sie unterwegs _____
5. Was haben Sie gemacht, als Sie unterwegs _____
6. Was war Ihr schönstes _____

Ü 5 Ergänzen Sie.

Kenntnisse • Heimatuniversität • Kopie • ERASMUS-Programm • bewerben

Einen Studienaufenthalt planen

→ A 8

Für einen Studienaufenthalt in Europa gibt es das _____ (1). Die Studenten und Studentinnen müssen sich _____ (2) und brauchen viele Unterlagen. Die _____ (3) muss die bereits abgelegten Prüfungen bestätigen, außerdem braucht man einen Lebenslauf, eine _____ (4) vom Reifeprüfungszeugnis und vom Reisepass. Und man sollte gute _____ (5) der Sprache des jeweiligen Ziellandes haben, damit man die Lehrveranstaltungen versteht.

1

Ü 6 Ordnen Sie den Text.

Informationen recherchieren

→ A 9

___ und Italien in ca. 30 Minuten erreicht, gilt die Stadt als Tor zum

___ see. Das Freizeitangebot in und um Klagenfurt ist sehr vielfältig:

___ spielen. Die umliegenden Berge laden zum Wandern und im Winter

_1_ Klagenfurt ist die Hauptstadt des Bundeslandes Kärnten und hat

_10_ Wirtschaftsstandort.

___ rund 100.000 Einwohner. Weil man von Klagenfurt aus Slowenien

___ Süden. Besondere touristische Anziehungskraft hat der Wörther-

___ Industrie und den Gewerbebetrieben aber auch ein wichtiger

___ auch zum Skifahren ein. Kärnten ist mit dem Fremdenverkehr, der

___ Man kann Tennis spielen, surfen, Wasserski fahren und Golf

Ü 7 Schreiben Sie den Dialog.

Gesprächssituationen unterwegs vorbereiten

→ A 11

- Ich Ihnen helfen können?
- Welche Zimmernummer?
- 432 ist Nichtraucherzimmer
- Moment, 434 frei

○ Ja, Nichtraucherzimmer bestellt
○ 432
○ nach Rauch riechen – anderes Zimmer frei?
○ danke, sehr nett

Kann ich _____

Ü 8 Wie heißen die Wörter?

Wortschatz

→ A 13

1. sich (**a**nnedmel) _____
2. zum (**E**indewohmelamtner) _____ gehen
3. ein (**A**nformumeldelar) _____ ausfüllen
4. allen Bekannten die neue (**A**nfrischt) _____ schicken
5. eine neue Telefonnummer (**b**etragenan) _____
6. (**f**mred) _____ sein
7. Kontakt zu (**E**inmiheischen) _____ suchen

8 | acht

Ü 9 Was ist richtig? Markieren Sie.

1. Anna war in Amerika zuerst skeptisch und ängstlich, *weil/deshalb* sie zum ersten Mal im Ausland war.
2. Kurt hatte in Deutschland viele Probleme, *weil/darum* ist er nach Australien gegangen.
3. Herr Kul vermisst seine Freunde, *weil/deshalb* geht er vielleicht wieder nach Polen zurück.
4. Das Leben in Griechenland ist nicht so einfach für Maria, *weil/deswegen* dort vieles ganz anders ist als in Deutschland.
5. Virginia hat einen deutschen Freund, *weil/deshalb* möchte sie perfekt Deutsch lernen.
6. José möchte ein Jahr in Österreich studieren, *weil/darum* interessiert er sich für das ERASMUS-Programm.
7. Herr Beckmann ruft beim Fundbüro an, *weil/deswegen* er sein Portemonnaie verloren hat.

Konsequenzen: „deswegen", „darum", und „deshalb"
→ A 15

Ü 10 Schreiben Sie die direkten oder die indirekten Fragen.

1. Wollen Sie den Job noch lange machen?
2. Ich möchte gerne wissen, wo Sie so gut Englisch gelernt haben.
3. Mich würde interessieren, was Ihr schönstes Reiseerlebnis war.
4. Fühlen Sie sich wohl in Australien?
5. Ich weiß nicht, was ich machen soll.
6. Kannst du mir schon sagen, ob du morgen kommst?
7. Wie lange lebt Ihre Schwester denn schon in Portugal?

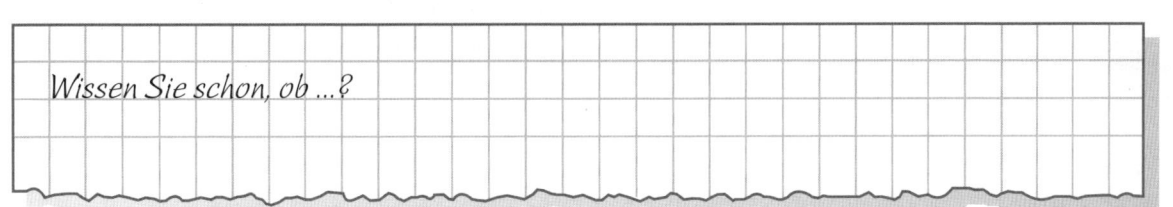

Satz: Indirekter Fragesatz
→ A 16, A 17

Wissen Sie schon, ob ...?

Ü 11 Ergänzen Sie.

1. Können Sie mir bitte sagen, (Uhrzeit) _wie spät es ist?_
2. Ich habe keine Ahnung, (heute was kochen) _____
3. Darf ich Sie fragen, (Sie Alter) _____
4. Wissen Sie, (Herr Maier verheiratet) _____
5. Sagst du mir noch einmal, (du kommen) _____
6. Können Sie mir bitte sagen, (wann Bus fahren) _____
7. Ich weiß noch nicht, (morgen Zeit haben) _____

→ A 18

1

Ihre Sprache. Schreiben Sie.

Wortschatz-Hitparade

Nomen

Anmeldeformular, das, -e _____	Fundbüro, das, -s _____
Anschrift, die, en _____	Kanton, der, -e _____
Arbeitsbewilligung, die, -en _____	Kündigung, die, -en _____
Arbeitszeugnis, das, -se _____	Lebenslauf, der, "-e _____
Ausnahme, die, -n _____	Lehrveranstaltung, die, -en _____
Auslandserfahrung, die, -en _____	Nachweis, der, -e _____
Austausch, der _____	Nichtraucherzimmer, das, - _____
Auswanderung, die _____	Reifeprüfungszeugnis, das, -se _____
Einheimische, der/die, -n _____	Reiserlebnis, das, -se _____
Einschreibung, die, -en _____	Safari, die, -s _____
ERASMUS-Programm, das _____	Studienaufenthalt, der, -e _____
Filiale, die, -n _____	Unterlagen, die (Pl.) _____
	Vorfahre, der, -n _____

Verben

abmelden _____	beilegen _____
auswandern _____	reklamieren _____
beantragen _____	wohlfühlen (sich) _____

Andere Wörter

daher _____	kostenlos _____
deswegen _____	möglichst _____
erforderlich _____	ökonomisch _____
falls _____	vor Ort _____
faszinierend _____	

**Ü 12 Sammeln Sie Wörter und Ausdrücke.
Benutzen Sie auch die „Wortschatz-Hitparade".**

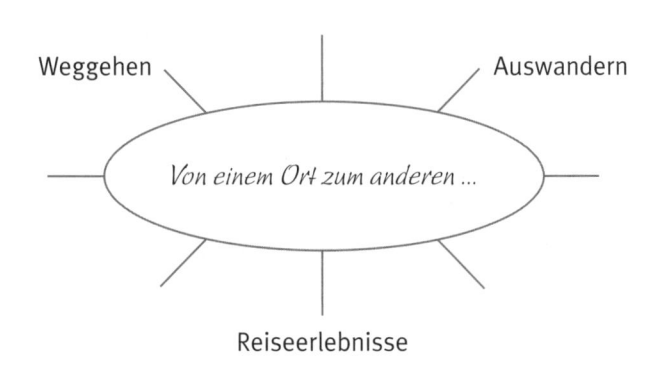

Wörter thematisch ordnen

Weggehen   Auswandern

Von einem Ort zum anderen ...

Reiseerlebnisse

Ü 13 Schreiben Sie in Ihrer Sprache.

Ihre Sprache:

Wichtige Sätze und Ausdrücke

Ich sehe das nicht so (wie) ...
Es hilft mir (sehr, dass) ...
Ach so!
Wissen Sie, was ich machen muss, wenn ...?
So genau weiß ich das auch nicht.
Was kann ich für Sie tun?
Das ist sehr nett von Ihnen.
Das hab ich doch gleich gesagt.
Das ist eine fremde Welt für mich.
Das kommt für mich nicht infrage.

Ü 14 Meine Wörter und Sätze. Schreiben Sie.

2 Die zweite Haut

Ü 1 Was passt? Sortieren Sie die Informationen.

Über Mode sprechen
→ A 1

1970er-Jahre • Tattoo und Piercing sind „in" • adidas wird beliebteste Marke
1980er-Jahre • die Bevölkerung schockieren • die „Loveparade"
Körperschmuck tragen • 1990er-Jahre • kaputte Kleidung tragen
das „Kleeblatt-Logo" • die Haare bunt färben

Sportler	Punks	Raver

Ü 2 Ergänzen Sie.

→ A 3

junge Leute • machen Leute • Qualität • Frage des Geldes • bunte Klamotten
Uniformen von heute • seriös • kreativ

Nina findet, dass guter Geschmack keine _____ (1) ist. Wenn man wenig Geld hat, muss man _____ (2) sein. Ralfs Lebensmotto ist: Kleider _____ (3). Er achtet sehr auf _____ (4). Jeans und T-Shirts sind für ihn die _____ (5). Gisela meint, Mode ist etwas für _____ (6). Früher hat sie auch _____ (7) getragen, aber heute zieht sie sich lieber _____ (8) an.

Ü 3 Ordnen Sie zu.

Über Berufs-
erfahrungen
sprechen
→ A 4

1. ___ Saskia Geiges hat zuerst Kunst studiert,
2. ___ Sie hat schon als Kind
3. ___ Wenn man kein Durchhaltevermögen hat,
4. ___ Mode ist für Frau Geiges

A eine sehr individuelle Angelegenheit.
B obwohl sie sich schon immer für Mode interessiert hat.
C sehr viel gestrickt.
D sollte man sich nicht selbstständig machen.

12 | zwölf

2

**Ü 4 Das Firmenkonzept von Frau Geiges.
Schreiben Sie einen kurzen Text.**

Modeschule Italien • professionelles Stricken auf Maschinen lernen
zurück nach München gehen • eigenes Label gründen
wie eine zweite Haut • „Individuelles Strickwerk" • nur Einzelstücke
vom Entwurf bis zur Ausführung alles selbst machen
auf Qualität achten • nur Naturmaterialien verwenden
Mode nur für Frauen • Stricksachen sehr feminin

→ A 4

Frau Geiges ...

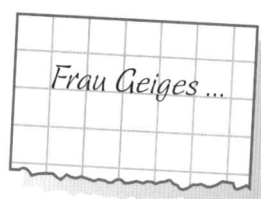

Ü 5 Wie heißen die Wörter?

1. cönh**s** _____
2. **s**urep _____
3. **t**odcich _____
4. **e**letang _____
5. ligweilang _____

6. solte**i**z _____
7. a**m**wr _____
8. ge**a**usenfall _____
9. üshh**b**c _____
10. l**o**lt _____

Über Kleiderkauf sprechen

→ A 6

Ü 6 Ergänzen Sie.

Zuerst muss man sich registr_____ (1) und das Pass_____ (2) und den Benutzern_____ (3) eingeben. Dann kli____ (4) man den Arti____ (5) an und gibt die Grö____ (6) und die Far____ (7) an. Anschließend le____ (8) man den Artikel in den Waren_____ (9) und schickt die Beste_____ (10) ab. Wenn der Artikel nicht gefä____ (11), kann man ihn zurück_____ (12) oder umta_____ (13).

Online-Kauf

→ A 7

Ü 7 Schreiben Sie Sätze.

1. eine / fehlerhafte / Ware / kann / eine / Man / umtauschen / neue / gegen / Ware
2. man / umtauschen / möchte / braucht / Wenn / Kassenzettel / oder / etwas / zurückgeben / man / den
3. wenn / kann / man / umtauschen / einverstanden / der Verkäufer / eine Ware / nur / ist
4. nicht / immer / man / kann / umtauschen / Sonderangebote

Reklamieren

→ A 9

1. Man

dreizehn | 13

Ü 8 Ordnen Sie den Dialog.

→ A 10

___ ○ Nein, ich hätte lieber das Geld zurück.

___ ○ Doch, aber sie hat einen Fehler.

___ ● Leider haben wir diese Hose nicht mehr. Möchten Sie sich eine andere aussuchen?

___ ○ Ich möchte diese Hose umtauschen.

___ ● Gefällt sie Ihnen nicht mehr?

_1_ ● Guten Tag, was kann ich für Sie tun?

Ü 9 Rätsel. Finden Sie die Begriffe/Wörter (nur waagerecht).

Sich beschweren – reklamieren – umtauschen

→ A 12, A 13

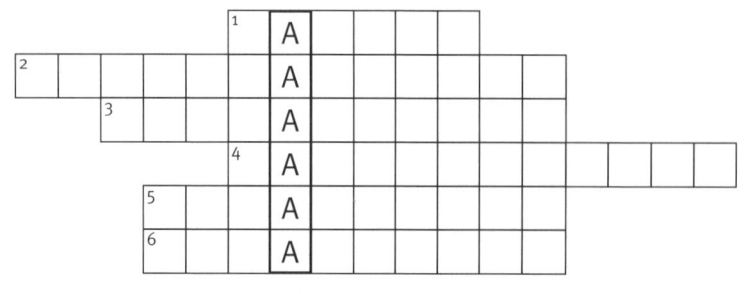

1. etwas funktioniert nicht, es ist …
2. eine Ware mit einem Preisnachlass
3. das macht man, wenn man mit etwas nicht zufrieden ist
4. Quittung, z. B. im Supermarkt
5. das macht man, wenn etwas kaputt ist
6. eine Ware/einen Artikel zurückgeben und eine/n andere/n bekommen

Ü 10 „der" oder „des"? Ergänzen Sie.

Artikelwörter und Substantiv: Genitiv

→ A 16

1. Die Reparatur _____ Ware ist leider nicht möglich.
2. Für Ralf sind Jeans die Uniformen _____ heutigen Zeit.
3. Mode ist eine Frage _____ persönlichen Stils.
4. Nach Abschluss _____ Schule in Italien ist Saskia nach Deutschland zurückgegangen.
5. Dass es nur Einzelstücke gibt, ist Teil _____ Firmenkonzepts.
6. Frau Geiges achtet besonders auf die Qualität _____ Materialien.
7. Umtausch ist nur gegen Vorlage _____ Kassenzettels möglich.

Ü 11 Was ist richtig? Markieren Sie.

1. Ralf kauft Markenkleidung, *weil/obwohl* die Qualität besser ist.
2. Gisela zieht sich seriös an, *weil/obwohl* sie nicht durch ihre Kleidung auffallen möchte. Früher hat sie gerne bunte Klamotten getragen, *weil/obwohl* sie deswegen oft Streit mit ihren Eltern hatte.
3. Saskia hat zuerst Kunst studiert, *weil/obwohl* sie sich schon immer für Mode interessiert hat. Sie macht in ihrer Firma nur Einzelstücke, *weil/obwohl* ihr das mehr Spaß macht.
4. Erika kauft ihre Kleidung per Internet, *weil/obwohl* das bequemer ist.
5. Ich behalte diesen Pullover, *weil/obwohl* er einen kleinen Fehler hat.

Satz: Nebensatz mit „obwohl"

→ A 17

Ü 12 Schreiben Sie Sätze mit „obwohl".

1. er – Anzug kaufen – teuer sein
   Er kauft

2. sie – keine Jeans tragen – bequem sein

3. Verkäufer – Ware nicht umtauschen – ich – Kassenzettel haben

4. neue Waschmaschine nach 2 Monaten kaputt – teures Markengerät

5. ich – Mantel sehr gern tragen – nicht mehr modern

6. wir – viel Geld für Kleidung ausgeben – sparen müssen

→ A 17

Ü 13 Ergänzen Sie den Superlativ.

1. Der schwarze Anzug ist elegant, aber am _____ (schön) ist der rote.
2. Kaffee und Tee trinke ich gern, aber am _____ (gern) trinke ich Schokolade.
3. Sie ist in allen Fächern gut, aber am _____ (gut) ist sie in Mathe.
4. Das ist der _____ (warm) Pullover, den ich habe.
5. Julian findet, er hat die _____ (lieb) Mama der Welt.

Adjektive: Superlativ

→ A 19, A 20

2

Ihre Sprache. Schreiben Sie.

Wortschatz-Hitparade

Nomen

Accessoire, das, -s;	_____	Marke, die, -n	_____
Anhänger, der, -	_____	Modemacherin,	
Artikel, der, -	_____	die, -nen	_____
Astronaut, der, -en	_____	Muster, das, -	_____
Auftreten, das	_____	Naturmaterial, das, -ien	_____
Baumwolle, die	_____	Olympiade, die, -n	_____
Design, das, -s	_____	Preisnachlass, der, "-e	_____
Einzelstück, das, -e	_____	Rabatt, der, -e	_____
Eleganz, die	_____	Recht, das, -e	_____
Erfinder, der, -	_____	Reklamation, die, -en	_____
Exemplar, das, -e	_____	Rückgabe, die, -n	_____
Geschmack, der	_____	Seide, die	_____
Individualität, die, -en	_____	Stoff, der, -e	_____
Idol, das, -e	_____	Umtausch, der, -e	_____
Körperschmuck, der	_____	Vorbild, das, -er	_____
Leinen, das	_____	Zustimmung, die, -en	_____

Verben

achten (auf)	_____	rumlaufen	_____
anklicken	_____	stricken	_____
behalten	_____	umtauschen	_____
färben	_____	zurückgeben	_____
reklamieren	_____	zurücknehmen	_____

Andere Wörter

ärmellos	_____	gepunktet	_____
ausgefallen	_____	modebewusst	_____
fehlerfrei	_____	reduziert	_____
fehlerhaft	_____	todchic	_____
feminin	_____	weich	_____
geblümt	_____	wertvoll	_____
gefüttert	_____	zeitlos	_____

**Ü 14 Sammeln Sie Wörter und Ausdrücke.
Benutzen Sie auch die
„Wortschatz-Hitparade".**

Sammeln Sie Stichwörter und schreiben Sie einen kurzen Text.

Mode, Kleidung und ich

_____
_____
_____
_____
_____
_____
_____
_____
_____

Wörter thematisch ordnen

Ü 15 Schreiben Sie in Ihrer Sprache.

	Ihre Sprache:
Ich trage …, weil …	_____
Ich finde es gut, wenn …	_____
Ich achte nicht/sehr auf …	_____
Wie gefällt dir …?	_____
Ich weiß nicht, ob mir das steht.	_____
Stimmt. Du hast recht.	_____
Was raten Sie mir?	_____
Schade.	_____
Ich möchte … umtauschen.	_____
Die Ware hat einen Fehler.	_____

Wichtige Sätze und Ausdrücke

Ü 16 Meine Wörter und Sätze. Schreiben Sie.

siebzehn | **17**

3 Berufswelt

Ü 1 Ordnen Sie den Dialog.

Einen Firmenbesuch planen
→ A 2

___ ○ Können wir sonst noch etwas für Sie tun?
___ ● Bis Donnerstag, Frau Meier-Gomez.
___ ○ Aber natürlich. Sollen wir einen Dolmetscher organisieren?
___ ○ Hallo, Herr Brunner.
___ ● Ich wollte fragen, ob meine Kollegin, Frau Sunderland, zur Besichtigung mitkommen kann.
_1_ ● Hallo, Frau Meier-Gomez.
___ ● Nein, vielen Dank.
___ ● Nein, Frau Sunderland spricht Deutsch.
___ ○ Also dann bis Donnerstag, Herr Brunner. Wir freuen uns.

Ü 2 Ergänzen Sie.

Ein Hotelzimmer reservieren
→ A 3

Hotel Garni „Sprint" • Ich wollte wissen • kosten die Zimmer? • 10 Euro extra
mein Name ist Meier-Gomez • da ist noch was frei • 65 Euro. Ohne Frühstück
Was kann ich für Sie tun? • Mit Frühstück bitte.

● _____ (1), guten Tag.
○ Guten Tag, Firma Masch, _____ (2).
● _____ (3)
○ _____ (4), ob Sie vom 23. auf den 24. April noch zwei Einzelzimmer frei haben.
● Moment bitte. Ja, _____ (5).
○ Und was _____ (6)
● _____ (7).
○ Können die Gäste denn nicht bei Ihnen frühstücken?
● Doch, natürlich, aber das Frühstück kostet _____ (8).
○ Dann möchte ich die Zimmer gern reservieren. _____ (9)

18 | achtzehn

Ü 3 Schreiben Sie einen kurzen Text.

Firma Masch 50 Jahre alt • seit 1992 Firmensitz in Erfurt
heute 25 Mitarbeiter • Geschenkartikel produzieren
z. B. Gartenzwerge, Holzspielsachen, Weihnachtsartikel
Produktion in Deutschland
Vertretungen in Süd-, Mittel- und Osteuropa

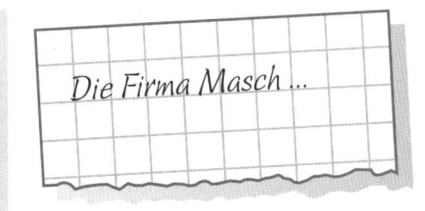

Die Firma Masch ...

Einen Prospekt lesen
→ A 4

Ü 4 Schreiben Sie Sätze.

1. Leben / langsam / an / gewöhnt / sich / Sandra / in / das / Frankreich.
2. versucht, / französischen / richtig / haben / auszusprechen. / Sie / zu / keine Angst / die / Wörter / und
3. sind. / die Menschen / fällt / Ihr / immer / auf, / dass / in Frankreich / höflich / sehr
4. vorbereitet / Probleme. / hat / sie / auf / sich / gut / hat, / das Praktikum / Obwohl / immer noch / sie
5. bringt / durcheinander. / Wörter / sie / die / Manchmal
6. übersetzen / für / sie / Als / gut geklappt. / musste, / ihren Chef / alles / hat

Über Spracherfahrungen sprechen
→ A 6

1. Sandra gwöhnt sich ...

Ü 5 In welcher Anzeige steht das?

1
Mit uns ab sofort in die Zukunft
Wir sind ein mittelständiges Unternehmen im Bereich Stromproduktion. Wir suchen für unsere 150 Mitarbeiterinnen einen Leiter oder eine Leiterin der Servicestelle Informatik. Anforderung: Ausbildung in Informatik und längere Berufserfahrung. Ihre Stärken: Kreativität, Teamfähigkeit, sehr gute Englischkenntnisse, Russisch von Vorteil. Wir freuen uns auf Sie.
info.personal@dstrom.de

2
Praktikum gesucht
Ich bin 22 Jahre, habe eine kaufmännische Lehre gemacht und arbeite in einer internationalen Versicherung in Istanbul. Ich möchte einen Deutschland-Aufenthalt für 2 bis 3 Monate machen. Ich will nicht viel verdienen, aber die Arbeit sollte interessant sein. Ich mag den Kontakt zu anderen Menschen. Muttersprachen: Türkisch und Deutsch. Gute Computerkenntnisse. Fremdsprachen: Englisch gut (Sprechen Niveau C1, Schreiben B1) und Spanisch (A2).
Emine.Akin@hotmail.com

Anzeigen vergleichen
→ A 8

	Anzeige 1	Anzeige 2
1. man soll kreativ und teamfähig sein	☐	☐
2. eine interessante Arbeit ist wichtiger als Geld	☐	☐
3. die türkische Sprache wird genauso gut gesprochen wie die deutsche	☐	☐
4. man braucht eine Informatikausbildung	☐	☐
5. die Chancen sind besser, wenn man Russisch spricht	☐	☐
6. es wird ein Deutschland-Aufenthalt gesucht	☐	☐

3

Ü 6 Finden Sie die Fehler und schreiben Sie den Text korrekt.

Stellenangebote beantworten
→ A 10

> Sehr geehrtes Damen und Herren,
>
> ich interessiere sehr für Ihre Anzeige. Sie suchen einen Praktikanten für spanisches Redaktion und ich möchte mich gern bewerben. Ich bin 22 Jahre alt, studiere Journalistik seit zwei Jahre und habe früher bei Schülerzeitung gearbeitet. In Uni schreibe ich für Studentenmagazin. Meine Muttersprache ist Spanisch, aber ich spreche auch Italienisch und besuche Deutschkurs an der Uni. Ich würde sehr gern das Praktikum bei Ihnen machen. Ich freue mich auf Ihre Antwort und antworte gerne Ihre Fragen.
>
> Mit freundlichen Grüßen
> Josè Morales

Sehr geehrte Damen und Herren,

Ü 7 Was passt? Ergänzen Sie.

Tätigkeiten im Beruf
→ A 17

Auskunft • etwas über die Firma • sich über etwas • jemandem die Arbeit • Gäste erklären, wie etwas • Termine • einen Brief

1. _____ empfangen
2. _____ geben
3. _____ erklären
4. _____ beklagen
5. _____ funktioniert
6. _____ erzählen
7. _____ vereinbaren
8. _____ übersetzen

20 | zwanzig

Ü 8 Ergänzen Sie die Infinitive mit „zu".

Satz:
„zu" + Infinitiv
→ A 20

empfangen • vergrößern • umziehen • betreuen
ansehen • entwickeln • verkaufen • kennenlernen

Wir freuen uns, Sie heute in unserer Firma _zu_____ (1). Wir haben das Ziel, unser Warenangebot _____ (2) und mehr Produkte _____ (3). Sie haben später Gelegenheit, unseren Verkaufsleiter persönlich _____ (4) und die Werkstätten _____ (5). Außerdem haben wir beschlossen, in ein neues Firmengebäude _____ (6). In den nächsten fünf Jahren ist unser wichtigstes Ziel, neue innovative Produkte _____ (7). Weitere Vertretungen im Ausland sollen uns dabei helfen, die dortigen Kunden noch besser _____ (8).

Ü 9 Schreiben Sie Sätze mit „zu" + Infinitiv.

1. Darf ich Sie bitten, (Hotelzimmer reservieren)   _ein Hotelzimmer zu reservieren._   → A 21
2. Ich habe vergessen, (dich anrufen)
3. Sie hat keine Lust, (ein Referat halten)
4. Es ist wichtig, (ein Praktikum machen)
5. Er ist gewohnt, (früh aufstehen)
6. Es ist interessant, (im Ausland arbeiten)
7. Sie versucht, (alles richtig machen)

Ü 10 Verbinden Sie die Sätze mit „trotzdem".

1. Sie hatte Angst vor der Prüfung. Es hat alles gut geklappt.
2. Er hat sich beeilt. Er hat den Zug verpasst.
3. Sie verdient nicht viel. Die Arbeit gefällt ihr.
4. Er hat keine Berufserfahrung. Er hat die Stelle bekommen.
5. Das Hotel ist sehr teuer. Frau Gomez reserviert ein Zimmer.
6. Die Firma ist klein. Sie hat Vertretungen im Ausland.

1. Sie hatte Angst vor der Prüfung, trotzdem ...

Hauptsatz +
Hauptsatz mit
„trotzdem"
→ A 22

3

Ihre Sprache. Schreiben Sie.

Wortschatz-Hitparade

Nomen

Apparat, der, -e	_____	Großhandel, der	_____
Arzthelferin, die, -nen	_____	Kleinbetrieb, der, -e	_____
Besitzer, der, -	_____	Korrespondenz, die, -en	_____
Betreuung, die	_____	Kreativität, die	_____
Betrieb, der, -e	_____	Kundenbesuch, der, -e	_____
Dolmetscher/in, der/die, -/-nen	_____	Lehrling, der, -e	_____
Erfahrung, die, -en	_____	Sachbearbeiter/in, der/die, -/-nen	_____
Export, der, -e	_____	Sinn, der, -e	_____
Fabrik, die, -en	_____	Sortiment, das, -e	_____
Ferienvertretung, die, -en	_____	Spielsachen, die (Pl.)	_____
		Stärke, die, -n	_____
Firmenbesuch, der, -e	_____	Tagebuch, das, "-er	_____
Firmensitz, der, -e	_____	Umwelt, die	_____
Führerschein, der, -e	_____	Vertretung, die, -en	_____
Gartenzwerg, der, -e	_____	Weihnachtsartikel, der, -	_____
Gelegenheit, die, -en	_____	Zusammenfassung, die, -en	_____
Geschenkartikel, der, -	_____		

Verben

aufbauen	_____	klappen	_____
aussprechen	_____	liefern	_____
bestehen	_____	mitteilen	_____
durcheinanderbringen	_____	übernehmen	_____
gelingen	_____	überraschen	_____
gewöhnen (sich)	_____	übersetzen	_____

Andere Wörter

allgemein	_____	schädlich	_____
durcheinander	_____	seltsam	_____
mittelständisch	_____	unschädlich	_____

Ü 11 Sammeln Sie Wörter und Ausdrücke.
Benutzen Sie auch die „Wortschatz-Hitparade".

Wörter thematisch ordnen

Ü 12 Schreiben Sie in Ihrer Sprache.

Ihre Sprache:

Wichtige Sätze und Ausdrücke

Du bist dran. / Ich bin dran.

Ganz einfach.

Sicher ist sicher.

Das ist nicht nötig.

Was ich Sie noch fragen wollte …

Lassen Sie sich überraschen.

ab und zu

Mir kommen die Wörter nicht in den Sinn.

Mir fehlen die Worte.

das „Dingsda"

Ü 13 Meine Wörter und Sätze. Schreiben Sie.

4 Wien

Ü 1 Schreiben Sie Sätze.

Eindrücke von Wien sammeln
→ A 1

1. stehen / An der Ringstraße / zum kulturellen / wichtige Gebäude, / und politischen / machten. / die Wien / Zentrum

2. und die Staatsoper. / 1850 und 1880 / hier / Zwischen / das Rathaus, / entstanden / das Parlament

3. war / die Residenz / bis 1918 / der österreichischen Kaiser. / Die Hofburg

4. Museen / Museumsquartier / es / für moderne Kunst / und / gibt / Festivals. / Im

5. offizieller Sitz / ist / ein / der Vereinten Nationen (UNO). / Wien

1. An der Ringstraße ...

Ü 2 Ergänzen Sie.

→ A 3

Autobussen • Stunden • Stimme • Stationen • Musiker • Ansage • Wiener

Fast alle _____ (1) kennen die Stimme von Franz Kaida. Er sagt in den Wiener _____ (2), Straßenbahnen und U-Bahnen die _____ (3) an. Jede der ungefähr 4000 Stationen hat ihre eigene _____ (4). Einmal traf er einen _____ (5) aus Korea, der erst wenige _____ (6) in Wien war. Auch der erkannte ihn nach einer Busfahrt sofort an seiner _____ (7).

Ü 3 Lesen Sie A 4 (Lehrbuch S. 39). Richtig oder falsch? Kreuzen Sie an.

Den Wohnort beschreiben
→ A 4

	R	F
1. Frau Sokolova ist vor sechs Jahren nach Wien gekommen. Deshalb arbeitet sie bei der UNO.	☐	☐
2. Sie ist viel in Mittel- und Osteuropa unterwegs.	☐	☐
3. Sie findet es schön, in Wien zu leben.	☐	☐
4. Leider kann ihre Tochter nicht allein zur Schule fahren.	☐	☐
5. Die Öffnungszeiten der Geschäfte findet sie nicht gut.	☐	☐
6. Frau Sokolova braucht auch eine Arbeitsgenehmigung in Wien.	☐	☐
7. Ihr gefällt, dass Wien eine internationale Stadt ist.	☐	☐

Ü 4 Schreiben Sie einen kurzen Text.

→ A 4

Nadja Sokolova: aus Moskau, seit sechs Jahren in Wien
zentrale Lage in Europa und großes Kulturangebot gefallen
im Alltag angenehm: sicherer und bequemer öffentlicher Verkehr
Öffnungszeiten der Geschäfte nicht so gut: am Abend und am Sonntag nicht einkaufen können
lebendige Stadt auch durch viele Studenten
im Vergleich zu Moskau trotzdem ein bisschen verschlafen

Nadja Sokolova kommt aus Moskau und lebt seit sechs Jahren in Wien.

Ü 5 Ordnen Sie den Text.

Informationen vergleichen

→ A 6

___ Kaffeehäuser lieben. Die Besucher nehmen sich Zeit, die
___ alt und die Luft ist schlecht, aber sie fühlt sich dort trotzdem
___ sie wollen. Der Kaffee und die Mehlspeisen sind ausgezeichnet. Im
___ Extrazimmer spielen ältere Damen Bridge. Ihr zweites
___ wohl. Dorthin geht sie, wenn sie ihre Ruhe haben will.
___ Lieblingscafé ist nicht schön, aber gemütlich. Die Farben sind
___ Kaffeehaus in der Innenstadt ist ein Kaffeehaus für alle, die
___ Zeitungen sind international, und die Ober sind charmant, wenn
_1_ Man sagt, jeder Wiener hat ein Café, Nadja hat zwei. Ihr

Ü 6 Ordnen Sie zu. Es gibt mehrere Möglichkeiten.

Ein Programm vorschlagen

→ A 7

1. Ich habe Lust auszugehen. Du auch?
2. Worauf hast du Lust?
3. Im Mozarthaus spielt ...
4. Was gibt's denn in den Jazz-Klubs?
5. Wollen wir nicht lieber ...?

A Geh einfach mit zu ... und lass dich überraschen.
B Moment mal, also im ... spielt ...
C Im Mozarthaus? Das ist mir zu klassisch.
D Gute Idee, ich muss nur ...
E Ich weiß nicht so recht ...

fünfundzwanzig | 25

4

Ü 7   Ergänzen Sie.

Von Erfahrungen berichten
→ A 8

> „Straße der Musikanten" • Sängerin • Karriere • aus Polen • CD
> Akkordeon • die Mitglieder • Straßenmusik • Musikerfreunden

1990 kam Krzysztof Dobrek _____ (1) nach Wien. Sein größtes Gepäckstück war ein _____ (2). Schon am nächsten Tag begann er, dort auf der _____ (3) zu spielen. Sechs Jahre lang machte Krzysztof Dobrek in Wien und anderen Städten _____ (4). 1996 hörten ihn _____ (5) einer bekannten Kabarettgruppe und luden ihn ein, bei ihnen mitzumachen. Das war der Anfang seiner _____ (6). Bald spielte er zusammen mit einer bekannten _____ (7) und gründete mit _____ (8) eine eigene Band: die Gruppe „Dobrek Bistro". Die erste _____ (9) erschien 1998.

Ü 8   Wie heißen die Wörter?

Wortschatz: Politik und Gesellschaft
→ A 13, A 14

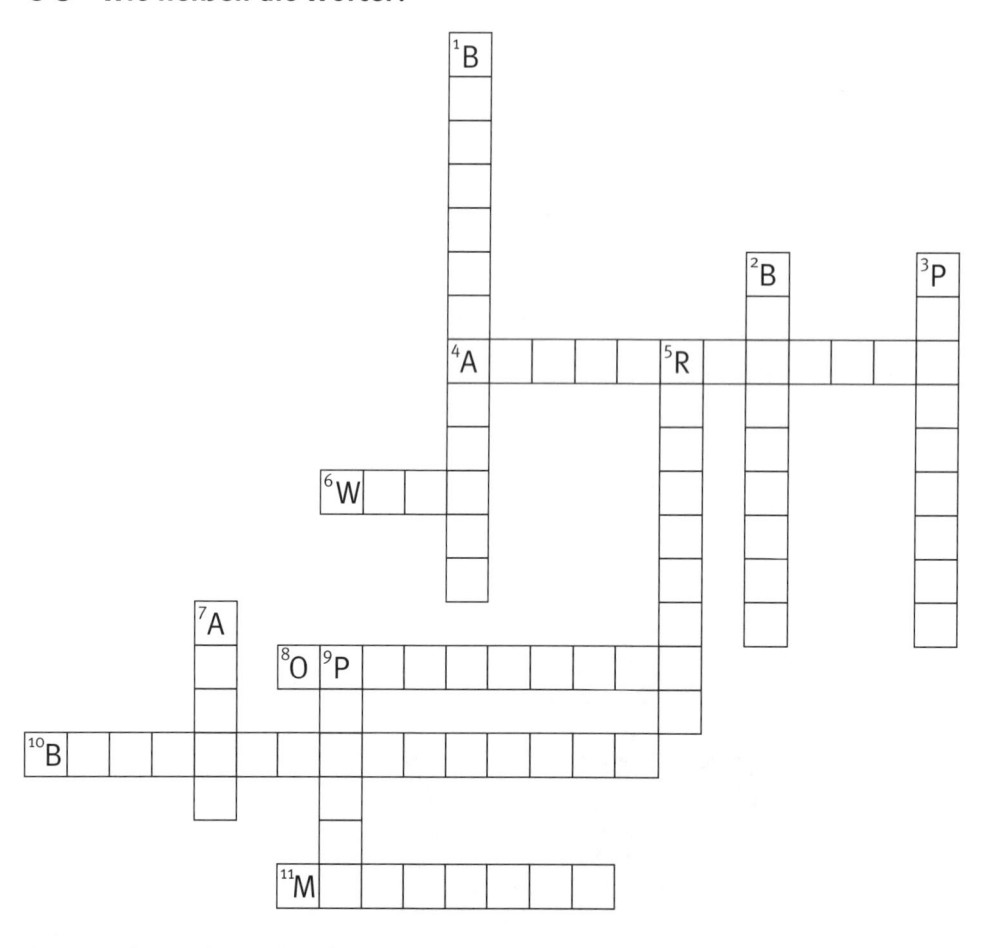

Waagerecht: 4. ein Mitglied des Parlaments, 6. anderes Wort für Abstimmung, 8. ist im Parlament, aber nicht in der Regierung, 10. er repräsentiert den Staat, 11. ein Mitglied der Regierung
Senkrecht: 1. der Chef der Regierung, 2. ein anderes Wort für Parlament, 3. ein anderes Wort für Bundestag, 5. der Bundeskanzler und die Minister zusammen, 7. in Deutschland heißt sie Bundeswehr, 9. die Bürger und Bürgerinnen wählen sie, z. B. SPD

26 | sechsundzwanzig

Ü 9 Wie heißen die Fragen? Schreiben Sie.

1. _Woran denkt Frau Sokolova oft?_ — Frau Sokolova denkt oft an Moskau.
2. _____ — Sie erzählt von ihrer Arbeit bei der UNO.
3. _____ — Sandra telefoniert oft mit ihrer Freundin in Paris.
4. _____ — Enrico konzentriert sich auf seine Prüfungen.
5. _____ — Erika diskutiert nicht gern mit ihrem Mann.
6. _____ — Herr Brunner hat von Frau Sunderland geträumt.

W-Wort + Präposition

→ A 15

Ü 10 Ergänzen Sie.

~~Darüber~~ • darauf • darüber • damit • daran • danach

Pronominaladverb „da(r)-" + Präposition

→ A 16

1. Petra bekommt viele Komplimente, weil sie schon so gut Griechisch spricht. _Darüber_ freut sie sich sehr. 2. Du warst als ERASMUS-Student in Spanien? – _____ musst du mir alles erzählen. 3. Frau Geiges erinnert sich noch gut _____, wie schwer es war, die ersten eigenen Stücke zu verkaufen. 4. Er freut sich auf das Praktikum in der Schweiz und hat sich gut _____ vorbereitet. 5. Rauchst du nicht mehr? – Nein, ich habe vor 6 Monaten _____ aufgehört. 6. Wohin fährt Frau Sunderland denn? – Keine Ahnung, ich habe sie nicht _____ gefragt.

Ü 11 Ergänzen Sie.

1. Krzysztof Dobrek hat Polen verlassen, weil er nicht zum Militär _____ (wollen).
2. Er _____ (machen) sechs Jahre lang in Wien und anderen Städten Straßenmusik.
3. Er _____ (beginnen) schon früh damit, Akkordeon zu spielen.
4. Uta Titz _____ (interessieren) sich schon als Kind für Musik.
5. Sie _____ (schreiben) bereits in der Schule die ersten Liedtexte und _____ (stehen) als Sängerin auf der Bühne.
6. Später _____ (gehen) sie ins Ausland und _____ (leben) dort als Straßenmusikerin.

Verb: Präteritum

→ A 17

4

Ihre Sprache. Schreiben Sie.

Wortschatz-Hitparade

Nomen

Abgeordnete, der/die, -n	_____	Mehrheit, die, -en	_____
Akkordeon, das, -s	_____	Militär, das	_____
Angeklagte, der/die, -n	_____	Minderheit, die, -en	_____
Bevölkerung, die	_____	Minister, der, -	_____
Bühne, die, -n	_____	Monarchie, die, -n	_____
Bürger/in, der/die, -/-innen	_____	Opfer, das, -	_____
Demokratie, die, -n	_____	Opposition, die, -en	_____
Drittel, das, -	_____	Parlament, das, -e	_____
Ergebnis, das, -se	_____	Partei, die, -en	_____
Gericht, das, -e	_____	Prozess, der, -e	_____
Gesellschaft, die	_____	Rauchverbot, das	_____
Grünanlage, die, -n	_____	Richter, der, -	_____
Haft, die	_____	Stimme, die, -n	_____
Hälfte, die, -n	_____	Strafe, die, -n	_____
Kaffeehaus, das, "-er	_____	Straßenmusik, die	_____
Koalition, die, -en	_____	Umfrage, die, -n	_____
Lärm, der	_____	UNO, die	_____
Lebensqualität, die	_____	Urteil, das, -e	_____
Luxus, der	_____	Vereinte Nationen (UNO), die	_____
		Viertel, das, -	_____

Verben

abstimmen	_____	regieren	_____
erkennen (an)	_____	verhandeln	_____
ermorden	_____	verlassen	_____
freisprechen	_____	verurteilen	_____
genießen	_____	wählen	_____

Andere Wörter

angenehm	_____	furchtbar	_____
charmant	_____	lebenslang	_____
etwa/ungefähr	_____	stolz	_____

28 | achtundzwanzig

Ü 12 Sammeln Sie Wörter und Ausdrücke.
   Benutzen Sie auch die „Wortschatz-Hitparade".

Das gefällt mir (nicht) an meiner Stadt:

Wörter thematisch ordnen

Politik und Gesellschaft in meinem Land:

Ü 13 Schreiben Sie in Ihrer Sprache.

	Ihre Sprache:
Was gefällt dir an …?	
Was stört dich an …?	
Mir ist wichtig, dass …	
Ich will meine Ruhe haben.	
Was gibt's denn in …?	
Ich weiß nicht so recht …	
Das ist doch einfach prima!	
Was für ein/eine …!	
Das/Der/Die geht mir richtig auf die Nerven!	

Wichtige Sätze und Ausdrücke

Ü 14 Meine Wörter und Sätze. Schreiben Sie.

5 Leben zwischen Kulturen

Ü 1 Lesen Sie A 2 (Lehrbuch S. 46). Richtig oder falsch? Kreuzen Sie an.

Einen biografischen
Text verstehen
→ A 2

	R	F
1. Der Vater von Kim Baumann ist Australier.	☐	☐
2. Kim ist in der Schweiz geboren und hat drei Geschwister.	☐	☐
3. Im Haushalt gibt es viele Möbelstücke aus dem Fernen Osten.	☐	☐
4. Normalerweise wird im Haus Deutsch gesprochen.	☐	☐
5. Kim fährt gern zu ihren Großeltern in die Schweiz.	☐	☐
6. Als Erwachsene möchte sie Vietnam besuchen.	☐	☐

Ü 2 Ergänzen Sie.

→ A 2

abwechslungsreich und farbig • in Australien • im Kühlschrank • Schweizer Käse
Welten • drei Kulturen • verschiedene Sprachen • Vietnam besuchen

Als Kind einer bikulturellen Ehe fand Kim Baumann das Zusammenleben sehr _____
_____ (1). Im Haus hörte man _____ (2), und auch _____ (3)
zeigten sich die verschiedenen Kulturen: Da gab es _____ (4) neben australischen Pies und
asiatischen Frühlingsrollen. Kim fühlte sich _____ (5) zu Hause. Aber sie wollte auch
_____ (6), um noch andere Dimensionen von sich kennenzulernen. Sie sagt, sie
wurde von den verschiedenen _____ (7), in denen sie aufgewachsen ist, geprägt und akzeptiert,
dass _____ (8) in ihr vereinigt sind.

Ü 3 Schreiben Sie Sätze.

Über
Lebenserfahrungen
berichten
→ A 4

1. zuerst Chemie / zog / die Schweiz / Mit 18 / und / studierte / und / Kim Baumann / dann Medizin. / in

2. in / arbeitete / sie / als Assistenzärztin / und / New York / Danach / Vietnam. / besuchte

3. kurzer Zeit / arbeitet / in / für innere Medizin / Seit / als Ärztin / bei Bern. / einem Krankenhaus / sie

1. Mit 18 ...

30 | dreißig

Ü 4 Ordnen Sie den Text.

→ A 4

___ z. B. in der Kindererziehung, da war meine Mutter viel strenger als
___ nach Australien, aber ich lebe gern hier in Bern, obwohl meine Lieb-
___ lingsstadt immer noch New York ist. New York ist wirklich multi-
___ das Zusammenleben mit anderen nicht immer einfach, aber heute
___ Menschen, das kommt aus der buddhistischen Tradition. Früher war
_1_ Von meinen Eltern habe ich Toleranz gelernt, dafür bin ich ihnen
___ mein Vater. Wichtig für sie war auch der Respekt vor älteren
___ sehen mich die Leute als Fachperson, als Ärztin. Hautfarbe und
___ Aussehen sind da nebensächlich. Manchmal habe ich Sehnsucht
___ sehr dankbar. Wir haben die kulturellen Unterschiede selbst gespürt,
___ Gefühl von Freiheit wie kein anderer Ort auf dieser Welt.
___ kulturell. Da gibt es alle Farben der Welt. Die Stadt gibt mir das

Ü 5 Ordnen Sie zu.

1. ___ Waren deine Eltern streng?
2. ___ Was hast du als Kind erlebt?
3. ___ Was war für dich als Kind wichtig?
4. ___ Wie siehst du das heute?
5. ___ Du sagst, dass ...

A Heute finde ich, dass ...
B Ja, das stimmt.
C Nein, nicht so sehr. / Manchmal. / Ja, sehr. / Wenn ich ...
D Ich habe als Kind mal ...
E Für mich war besonders wichtig, dass ...

→ A 5

Ü 6 Lesen Sie A 6 (Lehrbuch S. 48). Wo steht das?

	Zeile
1. Die Zahl bikultureller Partnerschaften steigt ständig.	___
2. Bikulturelle Partnerschaften halten länger als andere.	___
3. In bikulturellen Beziehungen sind die Ursachen für Probleme vielfältig.	___
4. Männer mögen es nicht, wenn sie von ihrer Partnerin finanziell abhängig sind.	___
5. Menschen, die ihr Land verlassen haben, haben oft Heimweh.	___
6. Für viele bikulturelle Paare kann das Zusammenleben eine große Chance sein, wenn sie offen mit Problemen umgehen.	___

Textinhalte wiedergeben
→ A 6

5

Ü 7 Lesen Sie A 8 (Lehrbuch S. 49). Richtig oder falsch? Kreuzen Sie an.

Über Beziehungen sprechen
→ A 8

	R	F
1. Mikelis fand das Leben in der Schweiz am Anfang nicht leicht.	☐	☐
2. Er sagt, für Schweizerinnen ist es selbstverständlich, dass der Mann bei Einladungen bezahlt.	☐	☐
3. Paolos Eltern haben sich sehr gefreut, als er ihnen von seiner Schweizer Freundin erzählte.	☐	☐
4. Paolo hätte gerne schon jetzt Kinder.	☐	☐
5. Florence hat ihren Mann in der Schweiz kennengelernt.	☐	☐
6. Für sie ist klar, dass ihr Mann das Geld verdient.	☐	☐

Ü 8 Ergänzen Sie.

→ A 8

zu viel Besuch • auf einer Geschäftsreise • sehr fröhlicher Mensch
in sie verliebt • unabhängig bin • keine Kinder möchte

1. Ich habe meine Frau _____ in Afrika kennengelernt und mich sofort _____. 2. Ich genieße es, dass ich von meinem Mann _____. 3. Manchmal gibt es Konflikte, weil wir _____ haben. 4. Paolo ist ein offener und _____. 5. Leider versteht er nicht so gut, dass ich jetzt noch _____.

Ü 9 Sortieren Sie die Informationen.

Informationen ordnen
→ A 10

Ich komme aus Namibia. Seit sieben Jahren bin ich mit einem Schweizer verheiratet, den ich in meiner Heimat kennengelernt habe. Als ich zum ersten Mal in die Schweiz kam, war ich überrascht, wie klein das Land ist. Am Anfang war es hier für mich nicht einfach. Vor allem haben mir meine Freundinnen gefehlt, mit denen ich lachen konnte. Dazu kam, dass ich unsicher war, z. B. beim Einkaufen. Und dann hatte ich auch Probleme mit dem Essen. Heute fühle ich mich hier wohl. Ich kümmere mich um die Kinder und den Haushalt und mein Mann Herbert verdient das Geld. Für mich war diese Aufteilung der Rollen klar. Wir lieben einander sehr, obwohl wir ab und zu auch streiten. Aber wir sehen uns nicht als Konkurrenten, sondern wir ergänzen uns.
Florence Riedl, 36, Zürich

Wer?	Was?	Wann? Wie lange?	Wo? Woher?	Warum? Wie?

Ü 10 Schreiben Sie die Sätze.

1. in / ihre Großeltern, / besuchte / gern / Kim / lebten. / der / die / Schweiz
2. sehr dankbar. / ist / die Vielfalt, / erlebt / hat, / die / Kim / Für / sie
3. finanziell abhängig / die / von / ihren Frauen / haben / sind, / Probleme. / Männer, / damit / oft
4. ist / Monica / vertraut / der / Paolo / hat. / die Frau, / sofort

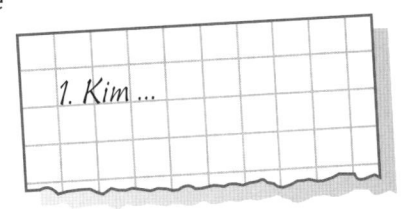

Satz: Relativsatz

→ A 15

1. Kim ...

Ü 11 Ergänzen Sie.

in dem • mit denen • mit denen • in denen • mit dem • bei denen • mit denen
in dem • über die • in dem

Relativsatz mit Präposition

→ A 16

1. Australien ist das Land, _____ Kim ihre Kindheit verbracht hat. 2. Die verschiedenen Welten, _____ sie aufgewachsen ist, haben sie sehr geprägt. 3. Mit dem Team, _____ sie arbeitet, ist sie sehr zufrieden. 4. In bikulturellen Partnerschaften können schnell Probleme auftauchen, _____ man nicht gerechnet hat. 5. Trotzdem halten Ehen, _____ ein Partner aus dem Ausland kommt, länger. 6. Mikelis und seine Frau haben viele Freunde aus Lettland, _____ sie oft Kontakt haben. 7. Florence hat am Anfang Freunde vermisst, _____ sie lachen kann. 8. Mit ihrem Mann hat sie manchmal Probleme, _____ sie streiten. 9. Paolo war der erste Mann, _____ seine Frau über alles sprechen konnte. 10. Italien ist das Land, _____ sie schon immer leben wollte.

Ü 12 Ergänzen Sie „was" oder „wo".

1. Kim lebt gern in Bern, _____ sie heute arbeitet und viele Freunde hat. Manchmal hat sie Sehnsucht nach Australien, _____ aber nicht schlimm ist. Ihre Lieblingsstadt ist New York, _____ sie ein paar Monate gelebt hat.
2. Sie verbringen ihre Ferien oft in Lettland, _____ die Familie ihres Mannes lebt.
3. Monica ist im Engadin aufgewachsen, _____ man Rätoromanisch und Deutsch spricht. Sie liebt Rom, _____ sie in einem Reisebüro arbeitet. Sie möchte noch keine Kinder, _____ Paolo schade findet.

Relativpronomen „was" und „wo"

→ A 18

5

Ihre Sprache. Schreiben Sie.

Wortschatz-Hitparade

Nomen

Emmentaler, der, -	_____	Migration, die	_____
Erziehung, die	_____	Normalfall, der, "-e	_____
Faktor, der, -en	_____	Partnerschaft, die, -en	_____
Frühlingsrolle, die, -n	_____	Religion, die, -en	_____
Geranie, die, -n	_____	Rolle, die, -n	_____
Gesichtszug, der, "-e	_____	Spur, die, -en	_____
Gleichgewicht, das	_____	Stadium, das, -dien	_____
Globalisierung, die	_____	Toleranz, die	_____
innere Medizin, die	_____	Tulpe, die, -n	_____
Integration, die	_____	Verliebtheit, die	_____
Konflikt, der, -e	_____	Vielfalt, die	_____
Konkurrent, der, -en	_____	Vorstellung, die, -en	_____
Lebenserfahrung, die, -en	_____	Wert, der, -e	_____
		Wohlbefinden, das	_____

Verben

akzeptieren	_____	kümmern (sich um)	_____
beeinflussen	_____	scheiden lassen (sich von)	_____
beherrschen	_____		
entstehen	_____	vereinigen	_____
erleben	_____	vermuten	_____
hänseln	_____	vorkommen	_____

Andere Wörter

abhängig	_____	missmutig	_____
bzw., beziehungsweise	_____	religiös	_____
dankbar	_____	skeptisch	_____
einander	_____	stabil	_____
entscheidend	_____	streng	_____
enttäuscht	_____	unsicher	_____
erstaunlich	_____	übrigens	_____
frech	_____	vertraut	_____

**Ü 13 Sammeln Sie Wörter und Ausdrücke.
Benutzen Sie auch die „Wortschatz-Hitparade".**

Leben zwischen Kulturen

Chancen:

Mögliche Probleme:

Wörter thematisch ordnen

Ü 14 Schreiben Sie in Ihrer Sprache.

Ihre Sprache:

Wichtige Sätze und Ausdrücke

Es kann sein, dass ...

Ich kann mir vorstellen, dass ...

Ich vermute, dass ...

Wahrscheinlich ist es so: ...

Entscheidend ist/war ...

Erstaunlich ist, dass ...

Im Vergleich zu ...

Eine wichtige Rolle spielt ...

Wichtige Faktoren für ... sind ...

Insgesamt kann man sagen, dass ...

Der Text handelt von ...

Es geht um ...

Ich hätte das nie gedacht!

Er/Sie/Es geht mir auf die Nerven.

Ü 15 Meine Wörter und Sätze. Schreiben Sie.

6 Geschäftswelt: Kunst

Ü 1 Schreiben Sie einen kurzen Text.

Entscheidungen begründen
→ A 2

Frau Beyeler und Juri Entwürfe der Einladungskarten bekommen
Entwurf auswählen müssen •
Entwurf noch heute in die Druckerei müssen
Entscheidung schwer •
Frau Beyeler klarer und moderner Entwurf am besten gefallen
trotzdem den zweiten vorschlagen
Juri dritter Entwurf am besten gefallen • Frau Beyeler einverstanden

Frau Beyeler und Juri haben ...

Junge Kunst aus Bremen

Galerie Kunstforum
Frankfurt

Ü 2 Ordnen Sie zu.

Aufträge erteilen
→ A 3

1. ___ Die Karten müssen noch
2. ___ Bitte denken Sie daran, dass
3. ___ Kontrollieren Sie bitte noch
4. ___ Stellen Sie die Ausstellung

A bitte auf unsere Homepage.
B einmal alle Informationen.
C wir die Einladungskarten in zwei Tagen brauchen.
D heute in die Druckerei.

Ü 3 Ergänzen Sie.

Eine Veranstaltung planen
→ A 5

Homepage • Essen • Einladungskarten • Pressetext • Transporttermin
Hotel • Partyservice • Zimmer

Juri muss die Ausstellung auf die _____ (1) stellen und noch einmal bei der Spedition anrufen, weil sie den _____ (2) noch nicht bestätigt hat. Dann muss er noch im _____ (3) nachfragen, ob die _____ (4) für die Künstler reserviert sind. Wenn die _____ (5) aus der Druckerei da sind, wird er sie sofort verschicken. Die Zeitungen brauchen noch den _____ (6) für die Ausstellungseröffnung und er muss beim _____ (7) noch das _____ (8) und die Getränke für die Eröffnung bestellen.

36 | sechsunddreißig

Ü 4 Lesen Sie A 8 (Lehrbuch S. 56). Richtig oder falsch? Kreuzen Sie an.

	R	F
1. Wegen des schlechten Wetters sind nicht viele Besucher gekommen.	☐	☐
2. Frau Beyeler und Juri sind nicht zufrieden.	☐	☐
3. Juri ist erkältet.	☐	☐
4. Frau Beyelers Freundin Luise begrüßt die Gäste.	☐	☐
5. Luise hält ihre erste Rede zu einer Kunstausstellung.	☐	☐
6. Sie muss nichts zu den Bildern sagen.	☐	☐

Einen Text vortragen

→ A 8

Ü 5 Wie heißen die Wörter? Schreiben Sie die Wörter mit Artikel.

Be • gramm • Ti • öff • grü • Aus • sprach • Pro • fett • Vor • stal • an • In • gen
Ge • Bü • lung • Gäs • dung • Er • lung • for • Ver • te • tion • Ver • ma • nung
Ein • ßung • stel • gnü • tung • stel • tel • la

→ A 8

der Titel, _____

_____

_____

_____

Ü 6 Sortieren Sie den Dialog und schreiben Sie.

Über Bilder sprechen

→ A 9

Findest du? Trotz der dunklen Farben? • Aggressiv? Nein, es strahlt doch so richtig!
Das Bild ist fantastisch! • Ich weiß nicht, mir ist das Rot zu aggressiv.
Aber die Farben sind doch nicht dunkel, sondern intensiv! Mir gefällt vor allem das leuchtende Rot!

- ● _____
- ○ _____
- ● _____
- ○ _____
- ● _____

6

Ü 7 Ergänzen Sie.

Notizen machen und Informationen weitergeben
→ A 12

● Gut___ Ta___, Malich, Gale___ „Kunstforum". Ich woll___ fra___, wann der Bildertran_____ bei uns ankom___ wird.

○ Tut mir l___, Herr Malich, der Trans_____ kom___ nic___ vor 19 U___. Der Fah___ hat angeru___, er ste___ im Stau.

● So sp___? Das wird schwie___, wir schlie___ um sechs. Können Sie viell___ mor___ Vormi___ kommen?

○ Das ist lei___ nicht mög___. Der Transp_____ fäh___ heu___ noch weit___ nach Stuttgart.

Ü 8 Schreiben Sie Sätze.

Geldgeschäfte
→ A 14

1. alte Möbel, / verkauft / auf Flohmärkten / Herr Lüpertz / kauft / und / repariert sie / sie wieder.

2. ganz gut. / echte Antiquität / verdient / er / er / findet, / Wenn / eine

3. viele Ausgaben, / hat / denn / Herr Lüpertz / für seinen Laden / und Heizung / muss / Miete, Strom / bezahlen. / er

4. er / Da / sein Auto / gekauft hat, / muss / Raten bezahlen. / er / auch noch / mit einem Kredit

1. Herr Lüpertz ...

Ü 9 Wie heißen die Wörter? Schreiben Sie die Wörter mit Artikel.

→ A 14

1. lgderaB _____
2. autokanBtam _____
3. ekcchS _____
4. gtutQuin _____
5. toKonmmernu _____

6. otoonGikr _____
7. ditaterkKre _____
8. ghunnRec _____
9. sungbreÜwei _____
10. nleiktzaBahl _____

Ü 10 Ordnen Sie zu.

→ A 14

1. ___ am Bankautomat Geld vom Konto
2. ___ Geld auf ein Girokonto
3. ___ (keine) Kreditkarten
4. ___ Bilanz
5. ___ Gewinn/Verlust

A akzeptieren
B ziehen
C überweisen
D machen
E abheben

Ü 11 „um ... zu" oder „damit"? Verbinden Sie die Sätze.

1. Frau Beyeler und Juri treffen sich. Sie wählen einen Entwurf für die Einladungskarte aus.
   _____
   _____

2. Frau Beyeler bespricht noch einmal alles mit Juri. Juri macht alles richtig.
   _____
   _____

3. Juri ruft im Hotel an. Er reserviert die Zimmer für die Künstler.
   _____

4. Luise macht sich Notizen. Sie vergisst nichts bei der Begrüßung.
   _____

5. Juri spricht Frau Beyeler eine Nachricht auf den Anrufbeantworter. Sie weiß, dass die Spedition die Bilder erst sehr spät bringt.
   _____
   _____

Satz: Nebensatz mit „um ... zu" + Infinitiv
→ A 15

Ü 12 Was ist richtig? Markieren Sie.

1. Frau Beyeler kann die Eröffnungsrede *trotz/wegen* einer Erkältung nicht selbst halten.
2. Luise nervt es, weil sich viele Besucher *während/trotz* ihrer Rede laut unterhalten.
3. Die Galerie ist *wegen/während* ihrer guten Ausstellungen sehr erfolgreich.
4. Die Ausstellungsbesucher können sich *wegen/während* der Ausstellungseröffnung mit den jungen Künstlern unterhalten.
5. Herr Lüpertz macht *wegen/trotz* der vielen Aufträge nicht viel Gewinn.

Präpositionen mit Genitiv
→ A 16

Ü 13 Ergänzen Sie die Artikel und die Endungen.

1. Frau Beyeler hat ein Lieblingsbild: Es gefällt ihr wegen ____ warm____ Farben. 2. Trotz ____ schlecht____ Wetter____ sind viele Besucher zur Eröffnung gekommen. 3. Wegen _____ schlimm____ Erkältung kann Frau Beyeler die Eröffnungsrede nicht selbst halten. 4. Das Hotel, in dem die Künstler wohnen, ist auch wegen ____ toll____ Frühstücksbüffet____ sehr beliebt. 5. Frau Beyeler bucht die Zimmer trotz ____ hoh____ Preise immer dort.

Adjektive: Deklination (Genitiv)
→ A 17

neununddreißig | 39

6

Ihre Sprache. Schreiben Sie.

Wortschatz-Hitparade

Nomen

Anzahlung, die, -n _____	Girokonto, das, -konten _____
Ausgabe, die, -n _____	Hintergrund, der, "-e _____
Ausstellung, die, -en _____	Kontonummer, die, -n _____
Bankautomat, der, -en _____	Kredit, der, -e _____
Bankleitzahl, die, -en _____	Kreditkarte, die, -n _____
Betrag, der, "-e _____	Lastschrift, die, -en _____
Bilanz, die, -en _____	Rate, die, -n _____
Einnahme, die, -n _____	Schatz, der, "-e _____
Entscheidung, die, -en _____	Scheck, der, -s _____
Entwurf, der, "-e _____	Steuer, die, -n _____
Flohmarkt, der, "-e _____	Überweisung, die, -en _____
Galerie, die, -n _____	Verlust, der, -e _____
Gehalt, das, "-er _____	Vordergrund, der _____
Gewinn, der, -e _____	Zinsen, die (Pl.) _____

Verben

abheben _____	leuchten _____
addieren _____	skizzieren _____
ausstellen _____	sortieren _____
beruhigen _____	streichen _____
bestätigen _____	überprüfen _____
einnehmen _____	überweisen _____
erteilen _____	

Andere Wörter

ausgezeichnet _____	täglich _____
durcheinander _____	trotz _____
kräftig _____	übermorgen _____
schließlich _____	

Ü 14 Sammeln Sie Wörter und Ausdrücke.
Benutzen Sie auch die „Wortschatz-Hitparade".

Sie sollen eine große Veranstaltung planen / organisieren. Was müssen Sie tun / woran müssen Sie denken?

Vor der Veranstaltung:
___
___
___

Während der Veranstaltung:
___
___
___

Nach der Veranstaltung:
___
___
___

Wörter thematisch ordnen

Ü 15 Schreiben Sie in Ihrer Sprache.

Ihre Sprache:

Wer kümmert sich um …? ___
Bis wann muss ich / müssen wir …? ___
Ich habe … schon erledigt. ___
Du bist / Sie sind ein Schatz! ___
Ich kann damit nichts anfangen. ___
Geld auf das Konto einzahlen ___
Geld abheben ___
bar bezahlen ___
per Scheck bezahlen ___
einen Kredit zurückzahlen ___
(in) Raten zahlen ___

Wichtige Sätze und Ausdrücke

Ü 16 Meine Wörter und Sätze. Schreiben Sie.

7 Gute Nachrichten?

Über Glück sprechen
→ A 1

Ü 1 Schreiben Sie Sätze. Es gibt verschiedene Möglichkeiten.

1. 2 Jahre arbeitslos – sich schlecht fühlen – wieder Arbeit finden – glücklich sein
2. gesund sein – jeden Tag aufstehen können – Glück für mich
3. Lotto – 200.000 Euro gewinnen – Wohnung kaufen – sehr viel Glück haben
4. morgens aufwachen – erstes Lächeln von Mann – glücklich machen
5. Glück – am Morgen – Sonne – Vögel singen

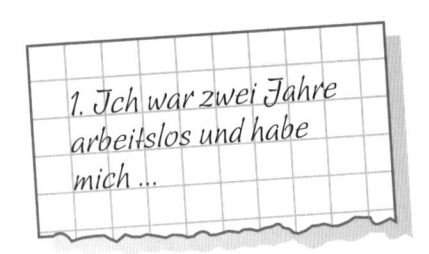

1. Ich war zwei Jahre arbeitslos und habe mich ...

Ü 2 Ergänzen Sie.

→ A 2

Glück • Symbol • Glücksbringer • berühren • fragen • Kleeblatt
Himmelsrichtungen • Schornsteinfeger • verschenkt

Man findet selten ein _____ (1) mit vier Blättern. Viele Menschen glauben, dass es deshalb _____ (2) bringt. Die vier Blätter stehen für die vier _____ (3) und die vier Elemente. Deshalb gilt es auch als _____ (4) für die Welt. Ein anderer _____ (5) ist der Schornsteinfeger. Wenn man einen trifft, darf man ihn _____ (6), ob man ihn _____ (7) darf. Es gibt aber auch _____ (8) aus Schokolade oder Marzipan, die man _____ (9), wenn man jemandem Glück wünschen möchte.

Ü 3 Lesen Sie A 3 (Lehrbuch S. 69). Wo steht das? Ordnen Sie zu.

Hauptinformationen in Zeitungen verstehen
→ A 3

1. Man hat sich zu lange um das Unglück gekümmert. 2. Es gibt schon die ersten Ideen, wie man Glück verbreiten kann. 3. In der Meldestelle arbeiten zehn Personen. 4. Glück muss man weiterverbreiten. 5. Glücklichsein kann man lernen. 6. Die Leute teilen der Meldestelle ihre Glücksmomente per E-Mail oder telefonisch mit. 7. Glücksmomente helfen dabei, das Positive zu sehen.

Meldestelle für Glücksmomente	Geteiltes Glück	Glückswissenschaft	Ideen und Visionen
	1,		

Ü 4 Rätsel. Wie heißen die Wörter?

Waagerecht: **1.** hier erfährt man alle Neuigkeiten des Tages, **2.** man muss etwas raten und kann oft etwas gewinnen, **3.** man bekommt Informationen darüber, ob es regnet, ob die Sonne scheint, …

Senkrecht: **4.** hier diskutieren Personen über ein Thema, **5.** hier erfährt man z. B., welche Fußballmannschaften gespielt haben und wer gewonnen hat, **6.** eine Sendung, die mehrere Teile hat, **7.** „Titanic" ist ein …

Über Fernsehen sprechen

→ A 6

Ü 5 Lesen Sie A 8 (Lehrbuch S. 70). Richtig oder falsch? Kreuzen Sie an.

→ A 8

	R	F
1. Der Fernsehkonsum in Europa und in den USA wird regelmäßig verfolgt.	☐	☐
2. Man hat festgestellt, dass der Fernsehkonsum abnimmt.	☐	☐
3. Europäer sitzen durchschnittlich ca. 217 Minuten täglich vor dem Fernseher.	☐	☐
4. In der deutschsprachigen Schweiz ist der Fernsehkonsum am niedrigsten.	☐	☐
5. In den USA beträgt der Fernsehkonsum der Erwachsenen täglich 390 Minuten.	☐	☐
6. Kinder „sitzen nur noch vor dem Fernseher".	☐	☐
7. Kinder sehen täglich mehr fern als die Erwachsenen.	☐	☐
8. Die österreichischen Kinder sehen am wenigsten fern.	☐	☐
9. In den USA sehen die Kinder mehr fern als in Europa.	☐	☐

dreiundvierzig | 43

7

Ü 6 Welche Fragen passen? Schreiben Sie.

→ A 8

Kennst du ...? / Hast du ... schon mal gesehen? • Ich mag die Sportschau. Und du?
Siehst du viel fern? • Was siehst du für Sendungen?

1. _____ Ich sehe am liebsten ... / Ich interessiere mich für ..., deshalb ...

2. _____ Na ja, ich sitze täglich etwa ... vor dem Fernseher. / Nur wenig. / Nur selten. / Nur, wenn ... kommt.

3. _____ Ich auch. / Nein, die finde ich langweilig.

4. _____ Ja, klar, das sehe ich mir regelmäßig an. / Ja, aber um diese Uhrzeit sehe ich noch nicht/nicht mehr fern. / Nein, ist das gut?

Ü 7 Ordnen Sie den Text.

Eine Radiosendung verstehen

→ A 9

___ sein, wenn wir sehen, was die Technik in Zukunft möglich machen wird.

___ oder drei Jahren sein wird. Das Neueste von heute ist morgen

_1_ Wie die Massenmedien der Zukunft aussehen werden, kann

___ Funktionen haben werden und die Grenze zwischen den einzelnen

___ Produkten immer unschärfer wird. Außerdem werden die Produkte

___ schon jetzt immer kleiner und interaktiver. Wir werden überrascht

___ sich so schnell, dass wir noch nicht einmal wissen, was in zwei

___ schon veraltet. Sicher ist, dass die einzelnen Medien noch mehr

___ man heute noch nicht genau sagen. Die Technik entwickelt

Ü 8 Welches Wort passt nicht? Markieren Sie.

Medien im Alltag

→ A 16

1. Schauspieler/in – Regisseur/in – Zuschauer/in – Wetterbericht
2. Geschichte – Moderator/in – Wirtschaft – Sport
3. Tageszeitung – Fernsehen – Reisen – Radio
4. Kommentar – Star – Reportage – Dokumentarfilm
5. spannend – lustig – informativ – Fernsehen

44 | vierundvierzig

Ü 9 Ergänzen Sie die Endung.

1. Ich habe mich gestern zum ersten Mal mit dem neuen Nachbar___ unterhalten. 2. Wo ist denn Paul? – Er telefoniert schon seit einer Stunde mit seinem Praktikant___. 3. Milch und Eier hole ich jeden Morgen direkt beim Bauer___. 4. Man sagt, der Mensch stammt vom Affe___ ab. 5. Ich möchte unbedingt den Schrank___ sehen, den ihr fürs Wohnzimmer gekauft habt. 6. Unsere jüngste Tochter ist mit einem sehr netten Student___ befreundet. 7. Wir haben einen neuen Kollege___ im Team. 8. Ich habe den Brief___ vom Finanzamt noch nicht geöffnet. 9. Ich weiß leider auch nicht, wie das funktioniert. Da müssen Sie einen Expert___ fragen.

N-Deklination
→ A 18

Ü 10 Ergänzen Sie.

1. Martha spricht sowohl Englisch _____ Französisch.
2. Ich habe weder ein Auto _____ ein Fahrrad.
3. Heute Abend gibt es entweder Spaghetti _____ Fisch.
4. Er hat nicht nur einen interessanten Job, _____ er verdient _____ gut.
5. In den Sommerferien fahren wir _____ nach Spanien oder nach Italien.
6. Sie hat ihm _____ geschrieben noch ihn angerufen.
7. Er möchte _____ heiraten als auch Kinder haben.
8. Die Medien verändern _____ unsere Arbeitswelt, sondern auch unsere Freizeit.

Zweiteilige Konjunktoren
→ A 19

Ü 11 Schreiben Sie die Sätze im Futur I.

1. Wir heiraten im Sommer.
   _____

2. Nach dem Abitur studiert er Medizin.
   _____

3. Kommst du pünktlich nach Hause?
   _____

4. Wir wissen noch nicht, wie die Medien in Zukunft unser Leben verändern.
   _____

5. Über das Problem spreche ich mit meinem Chef.
   _____

Verb: Futur I
→ A 20, A 21

7

Ihre Sprache. Schreiben Sie.

Wortschatz-Hitparade

Nomen

Affe, der, -n	Nachricht, die, -en
Boulevardzeitung, die, -en	Radiosendung, die, -en
	Rekord, der, -e
Dokumentarfilm, der, -e	Reportage, die, -n
Glück, das	Schauspieler/in, der/die, -/-nen
Glücksbringer, der, -	
Himmelsrichtung, die, -en	Schlagzeile, die, -n
	(Durch-)Schnitt, der
Journalist/in, der/die, -en/-nen	Serie, die, -n
	Talkshow, die, -s
Kleeblatt, das, "-er	Tierfilm, der, -e
Konsum, der	Vorhersage, die, -n
Magazin, das, -e	Wetterbericht, der, -e
Moderator/in, der/die, -en/-nen	Zuschauer/in, der/die, -/-nen

Verben

behaupten	verbringen
eröffnen	verhindern
gelingen	verlangen
gelten	vermehren
mitteilen	verschenken

Andere Wörter

durchschnittlich	jugendlich
ebenso	künftig
erwachsen	künstlich
gelegentlich	miteinander
generell	sonst
hingegen	voraussichtlich
informativ	zuständig
interaktiv	

**Ü 12 Sammeln Sie Wörter und Ausdrücke.
Benutzen Sie auch die „Wortschatz-Hitparade".**

A

dass meine Mutter wieder gesund ist

Glücksmomente/Gute Nachrichten

meine Hochzeit

Wörter thematisch ordnen

B Was müssten die Medien der Zukunft können und warum? Notieren Sie Stichwörter oder schreiben Sie einen kurzen Text.

_____

_____

_____

_____

Ü 13 Schreiben Sie in Ihrer Sprache.

	Ihre Sprache:	
Glück bedeutet für mich …	_____	Wichtige Sätze und Ausdrücke
Ein großer Glücksmoment war, als …	_____	
Ich finde, wir könnten/du könntest/ihr könntet …	_____	
Unser/Mein Vorschlag sieht so aus: …	_____	
Das ist immer das Gleiche.	_____	
Das kommt darauf an.	_____	
Zum Glück habe/hatte ich / bin/war ich …	_____	
In der Sendung / Im Artikel geht es um …	_____	
Ich bin (nicht) damit einverstanden, dass …	_____	
Lassen wir uns / Lass dich / Lasst euch überraschen!	_____	

Ü 14 Meine Wörter und Sätze. Schreiben Sie.

siebenundvierzig | 47

8 Guten Appetit!

Ü 1 Ordnen Sie zu.

Gespräche beim Essen
→ A 1

1. ___ Schmeckt es dir?
2. ___ Könntest du mir bitte die Butter reichen?
3. ___ Ist noch Tee da?
4. ___ Möchtest du noch …?
5. ___ Nimm doch noch …

A Ich glaube, der ist fast alle.
B Nein, danke, ich bin satt.
C Oh ja, sehr gern.
D Hier, bitte.
E Danke, sehr gut.

Ü 2 Schreiben Sie einen Text.

Über Essgewohnheiten sprechen
→ A 2

Wenn Wetter schön, Andreas Essen von zu Hause in die Firma mitnehmen • in der Mittagspause gern im Park spazieren gehen oder auf einer Bank in der Sonne sitzen • ein Brot und etwas Obst essen • manchmal seine Freundin treffen • wenn Wetter schlecht, in ein Café gehen • Kleinigkeit essen und Zeitung lesen • mittags lieber Ruhe haben • nicht in die Kantine gehen

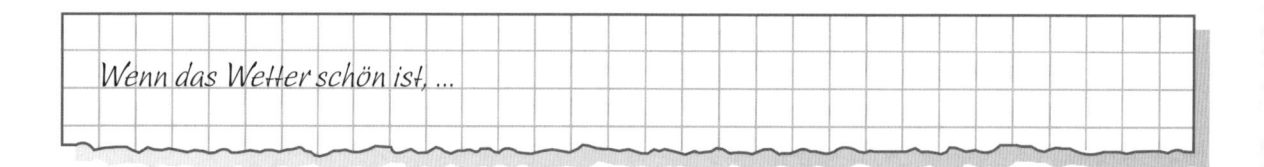

Wenn das Wetter schön ist, …

Ü 3 Schreiben Sie den Dialog.

Absprachen treffen
→ A 4

- Bianca Moser
- gegen sechs – nicht so spät werden – morgen anstrengender Tag
- lieb, aber nicht nötig – einfach kommen
- natürlich – Vegetarier?

○ Anne – wann heute Abend kommen?
○ Nachtisch mitbringen? Kuchen?
○ Frage – Freund zu Besuch – er mitkommen?
○ kein Vegetarier – alles essen

Bianca:

Anne:

Ü 4 Was passt zusammen?

kochen • schneiden • hacken • waschen • braten • backen • reiben • schälen
putzen • schlagen • mischen • pürieren

Über Rezepte sprechen
→ A 5

1. Salat   *waschen,*
2. Gemüse
3. Zwiebeln
4. Kartoffeln
5. Fleisch
6. Suppe
7. Sahne
8. Kräuter
9. Karotten
10. Brot

Ü 5 Wie heißen die Wörter? Schreiben Sie die Wörter mit Artikel.

1. Guasclh
2. Saakerurut
3. Zwebeil
4. Kbnalouch
5. Kafetforl
6. Snahe
7. Petliesire
8. Ovlenöil

→ A 5

Ü 6 Ergänzen Sie.

großen Garten • frische Lebensmittel • das sie essen • die Qualität ist ausgezeichnet
Auf dem Bauernhof • sehr wichtig • keine Chemie • aus Innsbruck • ein Hofladen • an die Kunden

Über Produkte informieren
→ A 8

_____ (1) von Familie Gutleben gibt es Kühe, Schweine und Hühner sowie einen _____ (2), wo viele verschiedene Früchte und Gemüse angebaut werden. Zum Bauernhof gehört auch _____ (3), dort verkauft die Familie ihre Produkte direkt _____ (4). Viele sind Stammkunden, die extra _____ (5) kommen, um direkt beim Bauern _____ (6) zu kaufen. Sie sind teurer als im Supermarkt, aber _____ (7). Die Kunden wissen, woher das Fleisch, Obst und Gemüse kommt, _____ (8), und dass auf dem Bauernhof der Familie Gutleben _____ (9) verwendet wird. Das ist vielen von ihnen _____ (10).

neunundvierzig | 49

8

Ü 7 Lesen Sie A 11 (Lehrbuch S. 79). Richtig oder falsch? Kreuzen Sie an.

Informationen vergleichen

→ A 11

	R	F
1. Viele Familien essen regelmäßig gemeinsam.	☐	☐
2. Fast alle Deutschen frühstücken zu Hause.	☐	☐
3. Immer mehr Kinder kommen hungrig zur Schule.	☐	☐
4. Die meisten Rentner essen mittags nur eine Kleinigkeit.	☐	☐
5. Familien mit Kindern essen abends oft kalt.	☐	☐
6. Für Paare ohne Kinder ist das Abendessen die wichtigste Mahlzeit.	☐	☐

Ü 8 Schreiben Sie die Ausdrücke mit Partizipien.

Partizipien als Adjektive

→ A 19, A 20

1. Kinder, die lachen — *lachende Kinder*
2. ein Apfel, der geschält ist
3. Kollegen, die meckern
4. Wasser, das kocht
5. eine Zwiebel, die gehackt ist
6. das Kamel, das tanzt
7. die Schuhe, die geputzt sind

Ü 9 Was ist richtig? Markieren Sie.

→ A 19, A 20

1. Ich esse zum Frühstück gern ein *kochendes/gekochtes* Ei.
2. Das Kleid ist toll! Ich brauche nur noch die *passenden/gepassten* Schuhe dazu.
3. Deine *gestrahlten/strahlenden* Augen zeigen, dass du glücklich bist.
4. Er hat nicht viel Geld und kauft deshalb fast nur *brauchende/gebrauchte* Sachen.
5. Ich mag den Duft von frisch *waschender/gewaschener* Wäsche.
6. Sie mag keine *unrasierten/unrasierenden* Männer.
7. Es gibt keine *tanzenden/getanzten* Kamele!
8. *Geschlafene/Schlafende* Hunde soll man nicht wecken.

Ü 10 Verbinden Sie die Sätze mit „während".

Satz: Nebensatz mit „während"

→ A 21

1. Er: gern singen – duschen
2. Wir: nicht fernsehen – essen
3. Ich: keine Musik hören – Hausaufgaben machen
4. Sie (Sg.): Zeitung lesen – frühstücken
5. Frau Berger: mit ihrer Freundin telefonieren – Herr Berger: kochen
6. Ich: im Krankenhaus sein – meine Mutter kümmert sich um die Kinder
7. Paul: in die Bäckerei gehen – Monika: in den Bioladen gehen

1. Er singt gern, während er duscht.

Ü 11 Ergänzen Sie die Pronomen.

1. Das ist für Mama. – Bringst du _es ihr_ bitte?
2. Gestern haben wir die neue Freundin unseres Sohnes kennengelernt. Wir dachten schon, er stellt ____ ____ nie vor.
3. Sagst du Klaus, dass wir am Wochenende nicht kommen? – Ich habe ____ ____ gestern schon gesagt.
4. Da vorn liegt die Zeitung. Gibst du ____ ____ mal bitte?
5. Wer hat Ihnen dieses Restaurant empfohlen? Der Reiseleiter hat ____ ____ empfohlen.
6. Sind die Blumen von deinem Mann? Nein, mein Sohn hat ____ ____ geschenkt.

Wortstellung: Pronomen im Mittelfeld

→ A 22

Ü 12 Ergänzen Sie die Präpositionen.

1. Ich rufe dich an, wenn ich ____ dem Putzen fertig bin. 2. Heute fängt die neue Kollegin an, ich bin schon sehr neugierig ____ sie. 3. Paul hat angerufen, er kommt später. – Das ist typisch ____ ihn! 4. Wie bist du denn ____ deinem neuen Praktikanten zufrieden? 5. Wenn Sie ____ der Wohnung interessiert sind, rufen Sie bitte spätestens übermorgen an. 6. Kennen Sie die Dame näher? – Ja ich bin seit fünf Jahren ____ ihr verheiratet.

Adjektive mit Präpositionen

→ A 23

Ü 13 Ergänzen Sie die Adjektive.

zufrieden • gespannt • typisch • befreundet • fertig • interessiert

→ A 23

1. Sie ist schon sehr _____ auf ihren neuen Job.
2. Ist deine Tochter mit dem Studium schon _____? Nein, sie braucht noch ein Jahr.
3. Unglaublich, Martin hat vergessen, dass wir heute verabredet waren. – Das ist wieder mal _____ für ihn.
4. Wie bist du denn mit deiner neuen Wohnung _____? – Super! Sie ist viel schöner als die alte.
5. Ich habe gehört, der neue Mitarbeiter ist mit der Tochter des Chefs _____.
6. Wenn Sie an dem Projekt _____ sind, erzähle ich Ihnen gern mehr darüber.

einundfünfzig | 51

8

Ihre Sprache. Schreiben Sie.

Wortschatz-Hitparade

Nomen

Absprache, die, -n _____	Konservierungsmittel, das, - _____
Backofen, der, "- _____	Korkenzieher, der, - _____
Bioladen, der, "- _____	Kräuter (Pl.) _____
Dosenöffner, der, - _____	Kücheneinrichtung, die, -en _____
Essgewohnheit, die, -en _____	Mikrowelle, die, -n _____
Gasherd, der, -e _____	Pausenbrot, das, -e _____
Geschirrspüler, der, - _____	Schublade, die, -n _____
Händler, der, - _____	Sorte, die, -n _____
Hitze, die _____	Teig, der, -e _____
Hof, der, "-e (= Bauernhof) _____	Würstchenbude, die, -n _____
Kalb, das, "-er _____	Zwischenzeit, die, -en _____
Kochlöffel, der, - _____	

Verben

abkühlen _____	halbieren _____
anbraten _____	meckern _____
aufkochen _____	reiben _____
auftauen _____	rübergeben (= herübergeben) _____
beweisen _____	umrühren _____
dazugeben _____	zubereiten _____
einschenken _____	zudecken _____
ernähren (sich) _____	
hacken _____	

Andere Wörter

angeblich _____	roh _____
bewusst _____	sorgfältig _____
entspannt _____	tatsächlich _____
gespannt _____	während _____
grob _____	zusammengesetzt _____
inzwischen _____	

**Ü 14 Sammeln Sie Wörter und Ausdrücke.
Benutzen Sie auch die „Wortschatz-Hitparade".**

Wörter thematisch ordnen

Ü 15 Schreiben Sie in Ihrer Sprache.

	Ihre Sprache:
Kannst du mir mal … rübergeben, bitte?	_____
Bitte, sei so nett.	_____
Brauchen wir sonst noch was?	_____
Wer möchte noch …?	_____
Was für Zutaten braucht man?	_____
Nach dem/meinem Rezept braucht man …	_____
Worauf muss man besonders achten?	_____
Es ist wichtig, dass man …	_____
Ich kaufe gern beim Händler um die Ecke.	_____

Wichtige Sätze und Ausdrücke

Ü 16 Meine Wörter und Sätze. Schreiben Sie.

dreiundfünfzig | 53

9 Soziale Berufe

Ü 1 Ordnen Sie den Text.

Über einen Unfall sprechen
→ A 1

___ bewegt sich nicht, sie ist zwischen Steinen eingeklemmt. Als Herr Baier

___ Das war eine gute Idee! Schon ein paar Minuten später bewegt sich seine

___ Angel. „Ich hab einen!", ruft Walter und zieht an der Angel. Aber die Schnur

___ möchten einen schönen Tag an einem kleinen See verbringen. Sie haben

_1_ Herr Baier ist mit seinem Sohn Walter zum Angeln gefahren. Die beiden

___ nicht viel Glück. Zwei Stunden sind sie schon da, aber sie haben noch

___ seinem Sohn helfen will und über die Steine steigt, rutscht er aus, stürzt

___ keinen Fisch gefangen. Herr Baier hat keine Lust mehr, aber sein Sohn will

___ und bricht sich ein Bein.

___ unbedingt einen Fisch fangen und schlägt vor, den Platz zu wechseln.

Ü 2 Ergänzen Sie.

→ A 1

Verletzung • beteiligt • Notruf • Notarzt • Ortsbeschreibung • Angaben

1. Walter ruft den _____ an. 2. Er sagt der Notrufzentrale, was für eine _____ sein Vater hat. 3. Die Notrufzentrale braucht eine genaue _____. 4. Sie muss wissen, wie viele Personen am Unfall _____ sind. 5. Die Zentrale braucht klare _____, damit sie den _____ genau informieren kann.

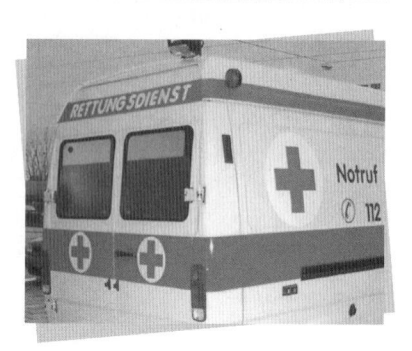

Ü 3 Ordnen Sie zu.

→ A 2

1. ___ Wo genau? A Es geht mir schlecht.
2. ___ Haben Sie Schmerzen? B Ich bin ausgerutscht.
3. ___ Wie geht es Ihnen? C Ich kann den linken Fuß nicht bewegen.
4. ___ Was fehlt Ihnen? D Ja, es tut sehr weh.
5. ___ Was ist passiert? E Am ganzen Fuß, aber hier am meisten.

Ü 4 Was macht der Notarzt? Schreiben Sie Sätze.

1. Notarzt – Informationen von der Notrufzentrale: Unfallart und Verletzungen – alles vorbereiten → A 2
2. Notarzt – Herr Baier – Schmerzmittel geben – Schiene an Bein anlegen – in städtisches Krankenhaus bringen
3. Notarzt – Blaulicht einschalten nur bei Notfällen – Patienten in Lebensgefahr
4. pro Jahr – ca. 30.000 Einsätze – 10 % Unfälle – die meisten Patienten – Herz- oder Kreislaufprobleme

1. Der Notarzt bekommt von der Notrufzentrale ...

Ü 5 Ordnen Sie zu.

Angaben zur Person machen → A 4

1. ___	Geburtsdatum:	A	Herr/Frau Dr. ...
2. ___	Adresse:	B	deutsch/japanisch/türkisch/...
3. ___	Familienstand:	C	Tag/Monat/Jahr (z. B. 03.05.1976)
4. ___	Konfession:	D	ledig/verheiratet/geschieden
5. ___	Nationalität:	E	AOK/Barmer Ersatzkasse/...
6. ___	Geschlecht:	F	Firma .../selbstständig
7. ___	Hausarzt:	G	männlich/weiblich
8. ___	Beruf:	H	Straße, Hausnummer, PLZ, Wohnort
9. ___	Arbeitgeber:	I	evangelisch/katholisch/muslimisch
10. ___	Krankenkasse:	J	Tischler/.../Student/in/arbeitslos

Ü 6 Lesen Sie A 7 und A 8 (Lehrbuch S. 86). Richtig oder falsch? Kreuzen Sie an.

Einen Arbeitsplatz beschreiben → A 7, A 8

	R	F
1. Auf der Station werden 14 Patienten rund um die Uhr betreut.	☐	☐
2. Zu den Aufgaben der Krankenschwester gehören das Frühstückausteilen, das Fiebermessen und das Medikamentegeben.	☐	☐
3. Die Krankenschwester muss nicht bei der Visite dabei sein.	☐	☐
4. Bei der „Übergabe" informiert sie die Ärzte über die Patienten.	☐	☐
5. Das Team ist wie eine Firma organisiert.	☐	☐
6. Die Zivis gehören zum Service-Personal.	☐	☐
7. Der Chefarzt führt die tägliche Visite durch.	☐	☐

9

Ü 7 Ergänzen Sie.

Eine Hilfsorganisation vorstellen

→ A 10

Schnelligkeit • „Ärzte ohne Grenzen" • Nothilfe • Spenden • Krieg oder Naturkatastrophen

Die Organisation _____ (1) wurde 1971 in Paris gegründet. Sie leistet über nationale Grenzen hinweg medizinische _____ (2). Wichtige Kriterien sind Kompetenz, Unabhängigkeit und _____ (3). Die Ärzte helfen den Menschen direkt vor Ort, z. B. bei _____ _____ (4). „Ärzte ohne Grenzen" wird hauptsächlich durch private _____ (5) finanziert.

Ü 8 Wie heißen die Wörter (nur waagerecht)?

Der Unfall

→ A 16,

In der Arztpraxis

→ A 17

1. z. B. Tropfen, Salben, Tabletten (u. a. Aspirin), 2. das bekommt man vom Arzt und geht damit zur Apotheke, 3. z. B. wenn man sich beim Radfahren ein Bein bricht, 4. man erreicht ihn unter der Telefonnummer 112, 5. damit transportiert man Kranke oder Verletzte, manchmal fährt er mit Blaulicht, 6. ein spezielles Foto, auf dem man z. B. sehen kann, dass man sich den Fuß gebrochen hat, 7. wenn man blutet, sich etwas gebrochen hat …, 8. man hat sie, damit man beim Arzt oder im Krankenhaus die Rechnung nicht selbst bezahlen muss, 9. 10 Euro, die man einmal im Vierteljahr bezahlen muss, wenn man zum Arzt geht, 10. das braucht man, wenn der Hausarzt nicht helfen kann und man zu einem Facharzt gehen muss, 11. das hat man, wenn es wehtut, 12. man bekommt sie von der Krankenkasse und braucht sie, wenn man zum Arzt geht

Ü 9 Ergänzen Sie die Reflexivpronomen.

1. Ich komme gleich, ich muss _____ nur noch die Schuhe anziehen. 2. Sie hat _____ gestern beim Backen die Finger verbrannt. 3. Er hat sein Fahrrad repariert und wäscht _____ schon seit einer Viertelstunde die Hände. 4. Pass auf, dass du _____ nicht in den Finger schneidest. Das Messer ist sehr scharf. 5. Habt ihr _____ meinen Vorschlag noch einmal überlegt? 6. Wo warst du denn so lange? Wir haben _____ Sorgen gemacht.

Verben mit Reflexivpronomen (Dativ)
→ A 18

Ü 10 Schreiben Sie Sätze.

1. Ich – den Fuß – sich verletzen   *Ich habe ...*
2. Du – das – sich überlegen – gut?
3. Er – über den Kollegen – sich aufregen – gestern
4. Ihr – einen schönen Abend – sich machen!
5. Du – die Haare – sich nicht kämmen – warum?

Reflexivpronomen im Akkusativ oder Dativ
→ A 19

Ü 11 Schreiben Sie Sätze mit „lassen".

1. Herr Mertens (sich) – vom Notarzt – das Bein verbinden
2. Im Krankenhaus – er – das Bein röntgen
3. Der Arzt – Herr Mertens – nicht nach Hause gehen
4. Herr Mertens (sich) – von seiner Frau – mitbringen – etwas zum Lesen

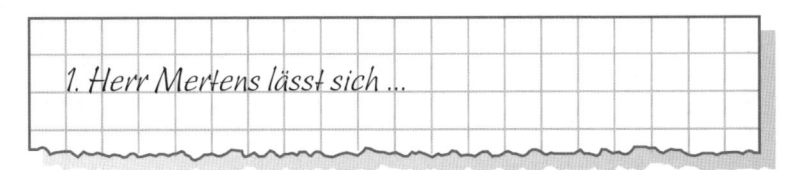

1. Herr Mertens lässt sich ...

Verb: „lassen" + Infinitiv
→ A 20

Ü 12 Schreiben Sie Sätze mit „nicht brauchen".

1. Die Krankenschwester muss nicht an der Visite teilnehmen. 2. Es geht mir schon besser. Sie müssen keinen Arzt rufen. 3. Danke, ich schaffe das allein. Sie müssen mir nicht helfen. 4. Frau Baier muss keinen neuen Schlafanzug kaufen. 5. Er muss das nicht essen, wenn er keinen Hunger hat. 6. Ich muss keine Praxisgebühr bezahlen, ich habe eine Überweisung vom Hausarzt. 7. Du musst keine Angst haben, es tut nicht weh.

1. Die Krankenschwester braucht nicht ...

Verb: „nicht brauchen" + „zu" + Infinitiv
→ A 21

9

Ihre Sprache. Schreiben Sie.

Wortschatz-Hitparade

Nomen

Aufnahmebogen, der, "- _____ Röntgenaufnahme, die, -n _____

Beteiligte, der/die, -n _____ Salbe, die, -n _____

Blut, das _____ Schmerzmittel, das, - _____

Bruch, der, "-e _____ Sorge, die, -n _____

Diagnose, die, -n _____ Spritze, die, -n _____

Entlassung, die, -en _____ Station, die, -en _____

Erste Hilfe, die _____ Therapie, die, -n _____

Gips, der _____ Überweisung, die, -en _____

Hausarzt, der, "-e _____ Verband, der, "-e _____

Krankenkasse, die, -n _____ Verletzung, die, -en _____

Krankenwagen, der, - _____ Versichertenkarte, die, -n _____

Notarzt, der, "-e _____ Wunde, die, -n _____

Notaufnahme, die, -n _____

Praxisgebühr, die, -en _____

Rollstuhl, der, "-e _____

Verben

abnehmen _____ freinehmen (sich) _____

ausrutschen _____ hinfallen _____

betreuen _____ röntgen _____

bewegen (sich) _____ stürzen _____

bluten _____ überweisen _____

einklemmen _____ verbinden _____

einreiben _____ versorgen _____

erneuern _____ verstauchen _____

Andere Wörter

akut _____ selbstverständlich _____

jederzeit _____ unterernährt _____

kompetent _____ unwohl _____

medizinisch _____ vergeblich _____

rund ... um _____ verletzt _____

schwindlig _____

58 | achtundfünfzig

**Ü 13 Sammeln Sie Wörter und Ausdrücke.
Benutzen Sie auch die
„Wortschatz-Hitparade".**

Wörter thematisch ordnen

Ü 14 Schreiben Sie in Ihrer Sprache.

	Ihre Sprache:	
Ich hatte einen Unfall.		Wichtige Sätze und Ausdrücke
Ich habe mich am/an der ... verletzt.		
Ich bin gefallen/ausgerutscht.		
Ich habe mir ... gebrochen/verstaucht.		
Mir ist kalt/heiß/schwindlig.		
In unserer Arbeitsgruppe / In unserem Team ...		
Meine Aufgaben sind: ...		
Für mich ist es selbstverständlich, ...		
Ich halte es für eine Pflicht, ...		
Es ist eine Frage der Zeit, ...		

Ü 15 Meine Wörter und Sätze. Schreiben Sie.

neunundfünfzig | 59

10 Ein Dach über dem Kopf

Ü 1 Schreiben Sie je zwei Sätze.

Über die Wohnsituation sprechen
→ A 1

1. die Wohnung / Anne Böring / hat / ohne / gemietet, / viel nachzudenken. / • / gesucht hätte, / Wenn / länger / sie / mit einer größeren Küche / vielleicht / hätte / sie / eine Wohnung / gefunden.

2. Die / günstig. / Wohnung / ist / • / noch nicht, / Die Nachbarn / sie / kennt / aber der ältere Mann / scheint / von nebenan / nett / zu sein.

3. im Haus, / er kennt / seit fünf Jahren / wohnt / Jens Hansen / schon / aber / fast niemanden. / • / zu Hause / öfter / Wenn / er / wäre, / hätte / vielleicht / er / mehr Kontakt.

4. ihren Nachbarn. / Karin Ebeling/ mit / versteht sich gut / • / Vor / gab es mal / da waren. / ein Hausfest, / fast alle / ein paar Jahren / wo

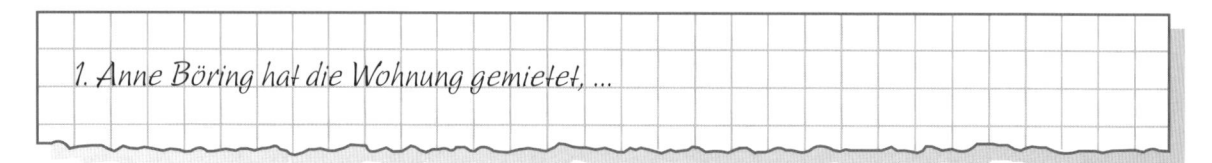

1. Anne Böring hat die Wohnung gemietet, ...

Ü 2 Was passt? Schreiben Sie.

→ A 1

Unsere Nachbarn laden uns manchmal zum Mittagessen ein.
Vielleicht frage ich mal die Ebelings vom zweiten Stock. • Und ins Bett geht sie auch immer sehr spät.

1. Seit einer Woche wohnt neben mir eine junge Frau, die macht so einen Lärm, nicht zum Aushalten!
   _____

2. Mit meinen kranken Beinen kann ich bald nicht mehr einkaufen gehen. Dann brauche ich jemanden, der das für mich macht.
   _____

3. Meine Eltern arbeiten beide. Aber das ist nicht so schlimm.
   _____

Ü 3 Ergänzen Sie.

Auf Wohnungsanzeigen reagieren
→ A 4

1. Sind die 800 Euro Warm- oder Kalt_____? 2. Könnten Sie mir bitte sagen, wie hoch die Neb_____ sind? 3. Wie ist die Ausst_____ der Wohnung? 4. Darf ich fragen, ob es eine Einbau_____ gibt? 5. Ich wüsste gern, ob das Haus eine Tief_____ hat. 6. Könnten Sie mir bitte sagen, wie hoch die Kau_____ ist? 7. Ich müsste noch wissen, wie lange der Mietv_____ geht?

60 | sechzig

Ü 4 Lesen Sie A 7 (Lehrbuch S. 100). Richtig oder falsch? Kreuzen Sie an.

	R	F
1. Paul hat seine Schuhe verloren.	☐	☐
2. Das Sozialamt verteilt Essen.	☐	☐
3. Paul wusste schon mit 14 Jahren, wie es ist, nichts zu haben und obdachlos zu sein.	☐	☐
4. Er ist mit 17 von zu Hause abgehauen.	☐	☐
5. Seine Eltern hatten nie Zeit für ihn.	☐	☐
6. Pauls Eltern haben ihren Frust mit Alkohol bekämpft.	☐	☐
7. Paul schläft je nach Jahreszeit in U-Bahn-Stationen oder im Park.	☐	☐
8. Paul hofft, dass er in zehn Tagen zu einem Freund ziehen kann.	☐	☐

Einen Sachtext verstehen

→ A 7

Ü 5 Ordnen Sie den Text.

_1_ Für die Sozialarbeiterin ist Paul ist ein typischer Fall. Die meisten

____ mehr obdachlose Kinder und Jugendliche. Die Sozialarbeiter helfen zwar,

____ zurückzukehren. Wenn sie merken, dass sich Jugendliche selbst wieder ein

____ geregeltes Leben wünschen, tun sie alles, damit diese es schaffen.

____ sind irgendwann abgehauen. Auf der Straße treffen sie Leute, die Ähnliches

____ wo sie können, aber sie zwingen niemanden, in ein „normales" Leben

____ erlebt haben, und schließen sich mit ihnen zusammen. Leider gibt es immer

____ Jugendlichen, die wie Paul auf der Straße leben, hatten Probleme zu Hause und

→ A 7

Ü 6 Ergänzen Sie.

Über ein Problem diskutieren

→ A 8

> 1500 und 2500 • Großstädte • Mädchen wie Jungen • stehlen • nicht ... kümmern
> Wunsch • auf der Straße • normales Leben • Problem

In Deutschland leben zwischen _____ (1) Kinder und Jugendliche im Alter von acht bis

dreizehn Jahren _____ (2). Sie stammen aus allen Gesellschaftsschichten und es sind

genauso viele _____ (3). Viele kommen vom Land und suchen die Anonymität

der _____ (4). Die meisten gehen von zu Hause weg, weil sie dort misshandelt werden oder

die Eltern sich _____ um sie _____ (5). Das größte _____ (6) von obdachlosen

Jugendlichen ist die Frage des Überlebens: Sie betteln, _____ (7) oder müssen sich prostituieren.

Der größte _____ (8) dieser jungen Menschen ist: ein festes Zuhause, Geborgenheit, Schule und

eine Ausbildung. Kurz: ein _____ (9).

einundsechzig | 61

10

Ü 7 Die Alten-WG. Schreiben Sie einen kurzen Text.

Einen Bericht verstehen

→ A 9

in Göttingen • 11 Frauen • 65 bis 91 Jahre • Alten-WG gründen • jede Frau machen, was man will • ein fester Termin pro Woche • alle treffen sich • jede Frau Aufgabe haben • z. B. Schließen der Türen und Fenster • „Patenschaft" für eine oder zwei Mitbewohnerinnen • „Patin" hilft ihren Mitbewohnerinnen Arzt holen, einkaufen • manche Bewohnerin als junger Mensch nicht in WG wohnen wollen zu eng • heute alle froh • andere Menschen in der Nähe

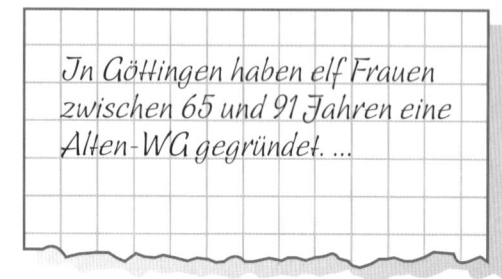

In Göttingen haben elf Frauen zwischen 65 und 91 Jahren eine Alten-WG gegründet. ...

Ü 8 Ordnen Sie die Aussagen.

Konflikte lösen

→ A 12

1. Wie wäre es, wenn ...? 2. Räumen Sie das alles mal weg! 3. Werden Sie nicht frech! 4. Ich war ja auch mal jung, aber/trotzdem ... 5. Sie können doch nicht Ihr ganzes Zeug im Treppenhaus abstellen! 6. Wissen Sie vielleicht, wem die Fahrräder im Treppenhaus gehören? 7. Das verstehe ich schon, aber ... 8. Das lasse ich mir von Ihnen nicht sagen! 9. Mit Ihnen rede ich nicht mehr! 10. Es wäre nett, wenn Sie in Zukunft ... 11. Entschuldigung, es soll nicht mehr vorkommen. 12. Ich gehe jetzt zur Hausverwaltung. 13. Ist der Dreck von Ihnen? 14. Ich möchte Sie herzlich bitten ... 15. Die Wohnungen sind wirklich etwas klein, und mit drei Kindern ... 16. Ab 22 Uhr ist Ruhe in diesem Haus!

unfreundlich   *freundlich / Lösung versuchen*

Ü 9 Wie heißen die Wörter?

Wohnung und Wohnungssuche

→ A 14

1. eine Garage unten im Haus: die T _ _ _ _ _ _ _ _ _
2. die oberste Etage in einem Haus: das D _ _ _ _ _ _ _ _ _ _
3. ein altes Haus: der A _ _ _ _ _
4. das Jahr, in dem das Haus gebaut wurde: das B _ _ _ _ _ _
5. Heizung, Strom etc.: die N _ _ _ _ _ _ _ _ _
6. mehrere Leute wohnen zusammen: die W _ _ _ _ _ _ _ _ _ _ _ _ _ _
7. Miete ohne Nebenkosten: die K _ _ _ _ _ _ _ _
8. die Größe der Wohnung: die W _ _ _ _ _ _ _ _
9. dieses Geld bekommt der Vermieter als Sicherheit: die K _ _ _ _ _ _

62 | zweiundsechzig

Ü 10 Schreiben Sie Sätze im Konjunktiv II.

1. Eltern sich mehr um ihre Kinder kümmern – weniger Kinder von zu Hause weglaufen
2. sie jung sein – sie nicht in einer WG wohnen wollen
3. sie nicht in einer WG wohnen – sie allein sein
4. Leute im Haus freundlicher zueinander sein – sie weniger Probleme haben
5. nicht jeder alles im Treppenhaus abstellen – Haus ordentlicher sein

1. Wenn sich die Eltern mehr um ihre Kinder kümmern würden, ...

Verb: Konjunktiv II
→ A 16, A 17

Ü 11 Schreiben Sie Sätze mit „so dass".

1. Jemand hat Pauls Schuhe geklaut, ...
   die / in / Strümpfen / so dass / er / musste / Straßen / durch / laufen

2. Die Kinder sind nachmittags oft bei den Nachbarn, ...
   sie / der / allein / so dass / Schule / kommen / nicht / sie / wenn / von / sind,

3. Könnten Sie bitte die Kisten auf die Seite stellen, ...
   kann / hier / man / so dass / besser / vorbeigehen

4. Sie haben alles gut organisiert, ...
   kann / Sommerfest / Regen / stattfinden / auch / das / bei / so dass

5. Sie hat sich sehr über die neuen Mieter im Haus geärgert, ...
   Hausverwaltung / sich / bei / so dass / sie / beschwert / der / hat

Satz: Nebensatz mit „so dass"
→ A 18

Ü 12 Ergänzen Sie die Adjektive in der richtigen Form.

1. Je _____ (schön) das Wetter ist, desto _____ (gut) fühlt sie sich. 2. Je _____ (viel) er über das Angebot nachdenkt, desto _____ (wenig) gefällt es ihm. 3. Je _____ (lang) wir zusammen sind, desto _____ (glücklich) sind wir. 4. Je _____ (früh) du mit der Arbeit anfängst, desto _____ (schnell) bist du damit fertig. 5. Je _____ (oft) ihr das macht, desto _____ (langweilig) ist es.

Komparativ: Vergleiche mit „je ... desto"
→ A 19

10

Ihre Sprache. Schreiben Sie.

Wortschatz-Hitparade

Nomen

Altbau, der, -bauten	_____	Müll, der	_____
Anonymität, die	_____	Obergeschoss, das, -e	_____
Baujahr, das, -e	_____	Prostitution, die	_____
Bettelei, die	_____	Reihenhaus, das, "-er	_____
Frust, der	_____	Schlüsseldienst, der, -e	_____
Geborgenheit, die	_____	Sozialamt, das, "-er	_____
Gesellschaftsschicht, die, -en	_____	Umzug, der, "-e	_____
		Untermieter, der, -	_____
Kaltmiete, die, -n	_____	Wohnfläche, die, -n	_____
Kaution, die, -en	_____	Wohngemeinschaft, die, -en	_____
Kompromiss, der, -e	_____		
Missbrauch, der	_____	Zentralheizung, die, -en	_____
Misshandlung, die, -en	_____	Zuhause, das	_____

Verben

abhauen	_____	kapieren	_____
abreißen	_____	kehren	_____
antreffen	_____	klauen	_____
aufbrauchen	_____	regeln	_____
aufgeben	_____	renovieren	_____
ausleihen	_____	stehlen	_____
betteln	_____	wegwerfen	_____
ertragen	_____	wischen	_____
feststellen	_____	zwingen	_____

Andere Wörter

exklusive	_____	lebendig	_____
fest	_____	mutig	_____
feucht	_____	nebenan	_____
fristgerecht	_____	obdachlos	_____
geregelt	_____	renovierungsbedürftig	_____
körperlich	_____	seelisch	_____
ländlich	_____	unauffällig	_____

10

**Ü 13 Sammeln Sie Wörter und Ausdrücke.
Benutzen Sie auch die „Wortschatz-Hitparade".**

Wörter thematisch ordnen

Ü 14 Schreiben Sie in Ihrer Sprache.

	Ihre Sprache:
Es gibt einen Zusammenhang zwischen ... und ...	_____
Eine Möglichkeit wäre/ist ...	_____
Wir können noch nicht sagen, ob ...	_____
Was sind meine Aufgaben?	_____
Ich muss mir das noch überlegen.	_____
Wenn Sie mich so direkt fragen, ...	_____
(k)ein Dach über dem Kopf haben	_____

Wichtige Sätze und Ausdrücke

Ü 15 Meine Wörter und Sätze. Schreiben Sie.

fünfundsechzig | 65

11 Erholungsräume

Ü 1 Lesen Sie A 2 (Lehrbuch S. 106) und antworten Sie.

Über Erholung sprechen

→ A 2

1. Wie bringt Frau Wanders Bewegung in ihren Alltag?
   _____

2. Wo erholt sie sich richtig und warum?
   _____

3. Was ist für Frau Schröder Erholung pur?
   _____

4. Was mag sie nicht?
   _____

5. Welchen Sport treibt Herr Blömecke und wie?
   _____

6. Was kann er nicht verstehen?
   _____

Ü 2 Ergänzen Sie.

→ A 3

Stunde • Torwart • Spaß • begleitet • laufen • Marathon • Karten
Spaß • Mannschaft • Ausstellungen • Laufpartnerin • Fußball

Tanja geht oft und gern im Rheinpark _____ (1). Sie läuft mindestens dreimal in der Woche eine _____ (2) und sucht eine _____ (3), die auch am Abend Zeit hat. Sie will nicht für einen _____ (4) trainieren, aber auch nicht bummeln. Severin spielt jeden Freitagabend _____ (5). Die Leute in der _____ (6) sind zwischen 30 und 50 Jahre alt und haben einfach _____ (7) daran. Die Mannschaft sucht einen neuen _____ (8). Sabrina macht selbst keinen Sport, aber sie sucht _____ (9) für den Beach-Volleyball-Cup. Frau Reiners geht gern in _____ (10). Sie findet, dass das zu zweit mehr _____ (11) macht, und sucht deshalb jemanden, der sie _____ (12).

Ü 3 Lesen Sie A 5 (Lehrbuch S. 107). Richtig oder falsch? Kreuzen Sie an.

	R	F
1. Laufen ist eine natürliche Art der Fortbewegung.	☐	☐
2. Mit dem Laufen muss man frühzeitig beginnen.	☐	☐
3. Anfänger laufen oft zu schnell.	☐	☐
4. Man muss lange laufen, bis man die ersten positiven Auswirkungen spürt.	☐	☐
5. Das Laufen ist sehr gesund: es stärkt das Kreislaufsystem, die Muskeln, das Immunsystem und es verbessert die Ausdauer.	☐	☐
6. Im Winter sollte man besser nicht laufen.	☐	☐
7. Bequeme Schuhe reichen zum Laufen völlig aus.	☐	☐

Argumentieren
→ A 5

Ü 4 Formulieren Sie Regeln.

1. Anfänger – langsam anfangen – nicht länger als 15 Minuten laufen

    Anfänger sollten _____

2. außer Atem sein – nicht stehen bleiben – langsam weiterlaufen

    Wenn _____

3. direkt nach dem Essen laufen – ungesund

    _____

4. vor dem Laufen – gut aufwärmen

    _____

5. nicht vergessen – nach dem Laufen Muskeln dehnen

    _____

→ A 6

Ü 5 Ordnen Sie zu.

1. ____ Was brauchst du,
2. ____ Wann/Wie kannst du
3. ____ Zum Erholen gehört
4. ____ Ich erhole mich am besten,
5. ____ Ich tue,
6. ____ Für Sport spricht,
7. ____ Wenn man Sport macht,

A was mir guttut, z. B. ...
B dass man ...
C ist man gesünder und ...
D um dich zu erholen?
E dich am besten entspannen?
F für mich z. B. ...
G wenn ich ...

→ A 6

11

Ü 6 Ergänzen Sie.

„Natur"
beschreiben

→ A 8

> Bäume abbrechen • keine Nutzung • erhalten
> natürlichen • geschützter Lebensraum • Erholungsgebiet
> entwickeln • beobachten • Pflanzen und Tiere

Der Nationalpark Bayerischer Wald ist ein _____

_____ (1) für _____ (2), in dem die Natur für kommende Generationen

_____ (3) wird. Pflanzen und Tiere können sich _____ (4), ohne dass Menschen eingreifen,

und es gibt _____ (5) von Natur, die wirtschaftlichen Interessen dient. Das bedeutet auch,

dass im Unterschied zur Forstwirtschaft im Nationalpark kein Schaden ist, was zur _____ (6)

Entwicklung des Waldes gehört: Wenn z. B. durch Stürme oder Schnee _____ (7)

oder umstürzen, werden sie nicht weggeräumt, sie bleiben einfach liegen. Für Menschen ist der National-

park ein _____ (8), in dem sie die Natur _____ (9) können.

Ü 7 Wie heißen die Verben? Schreiben Sie.

Gebote und
Verbote erklären

→ A 14

1. Auf markierten Wegen bl_____. 2. Bitte keine Blumen pfl_____ und Pilze sa_____. 3. Feuer
ma_____ ist verboten. 4. Hunde an der Leine fü_____. 5. Nur auf Campingplätzen über_____.
6. Tiere nicht stö_____. 7. Autos nur auf Parkplätzen abst_____. 8. Keinen Müll zurü_____.

Ü 8 Sortieren Sie.

Natur – Klima –
Wetter

→ A 16

> kahle Bäume • säen • das Gewitter • es grünt • der Frost • der Nebel • die Kälte
> es ist heiß • die Tage werden länger • die Blätter werden bunt • glatte Straßen • es wird warm
> die Blumen blühen • Obst ernten • es friert • die Tage werden kürzer • der Schnee
> die Bäume bekommen Blätter • es wird kühl • Früchte und Gemüse wachsen und werden reif

Frühling	Sommer	Herbst	Winter
es grünt			

68 | achtundsechzig

Ü 9 Was ist richtig? Markieren Sie.

1. Ich putze mir die Zähne, *bis/bevor* ich schlafen gehe.
2. Wir warten mit dem Essen *bis/bevor* du da bist.
3. Es dauert noch eine halbe Stunde, *bis/bevor* der Kuchen fertig ist.
4. Bitte frag nächstes Mal, *bis/bevor* du das noch einmal machst.
5. Es dauert dieses Jahr lange, *bis/bevor* es wärmer wird.
6. Wenn die Gäste kommen, *bis/bevor* das Essen fertig ist, werde ich hektisch.

Temporale Nebensätze: „bis" und „bevor"

→ A 18

Ü 10 Ergänzen Sie „der-", „das-", „dieselbe" in der richtigen Form.

1. Sie hat den ganzen Abend mit _____ Mann getanzt. 2. Wir sind umgezogen, aber unsere Telefonnummer ist immer noch _____ . 3. Ich trage heute _____ Pullover wie gestern. 4. Wir leben seit 30 Jahren in _____ Wohnung. 5. Wollen wir nicht in _____ Restaurant gehen wie letztes Mal? 6. So eine Überraschung! Wir fahren mit _____ Zug. 7. Mein Freund arbeitet in _____ Firma wie ich.

„der-", „das-", „dieselbe"

→ A 19

Ü 11 Ergänzen Sie die richtige Form von „haben" oder „sein".

1. Nachdem sie in das neue Haus eingezogen _____, begann das Unglück. 2. Ich _____ noch nicht im Hotel angekommen, als du anriefst. 3. Nachdem er ihren Brief gelesen _____, _____ er sehr traurig. 4. Als er seinen Job verloren _____, wusste er lange nicht, was er tun sollte. 5. Schrecklich! Ich _____ die Wohnung noch nicht geputzt, als meine Schwiegermutter kam. 6. Sie _____ vergessen, wo sie den Schlüssel hingelegt _____ und musste ihn eine halbe Stunde lang suchen.

Verb: Plusquamperfekt

→ A 21

Ü 12 Schreiben Sie Sätze mit „nachdem".

1. (ich) frühstücken – Zeitung lesen, 2. (sie) Computer anmachen – E-Mails checken, 3. (er) Wohnung putzen – Wäsche bügeln, 4. (ich) studieren – nach Amerika gehen, 5. (wir) fünf Stunden wandern – sehr müde sein

Satz: Nebensätze mit „nachdem"

→ A 22

1. Nachdem ich gefrühstückt hatte, las ich die Zeitung. / Nachdem ich gefrühstückt habe, lese ich die Zeitung.

11

Ihre Sprache. Schreiben Sie.

Wortschatz-Hitparade

Nomen

Ausdauer, die	_____	Landwirtschaft, die	_____
Auswirkung, die, -en	_____	Laub, das	_____
Blüte, die, -n	_____	Lebensraum, der, "-e	_____
Campingplatz, der, "-e	_____	Muskel, der, -n	_____
Erholung, die	_____	Nutzung, die, -en	_____
Ernte, die, -n	_____	Pilz, der, -e	_____
Frost, der	_____	Qual, die, -en	_____
Herz-Kreislauf-System, das	_____	Rasen, der, -	_____
		Rohstoff, der, -e	_____
Hinweis, der, -e	_____	Sturm, der, "-e	_____
Hitze, die	_____	Vorschrift, die, -en	_____
Immunsystem, das	_____	Wanderweg, der, -e	_____
Industrialisierung, die	_____	Wiese, die, -n	_____
Kälte, die	_____	Wind, der, -e	_____

Verben

abnehmen	_____	fließen	_____
abschalten	_____	jammern	_____
aufwärmen	_____	klettern	_____
beschädigen	_____	mähen	_____
entfernen	_____	pflücken	_____
erholen	_____	säen	_____
ernten	_____	schützen	_____
faulenzen	_____	wehen	_____

Andere Wörter

abenteuerlich	_____	kahl	_____
außerdem	_____	reif	_____
faul	_____	sichtbar	_____
gekennzeichnet	_____	topfit	_____
geschützt	_____	ungeduldig	_____
glatt	_____	wenigstens	_____
irgendwelch-	_____		

Ü 13 Sammeln Sie Wörter und Ausdrücke.
Benutzen Sie auch die „Wortschatz-Hitparade".

Wörter thematisch ordnen

Ü 14 Schreiben Sie in Ihrer Sprache.

	Ihre Sprache:
zu jeder Zeit, an jedem Ort	
mit sich allein sein	
außer Atem sein	
Ich tue, was mir guttut.	
Unter Erholung/Natur/… verstehe ich …	
Die Folge ist, dass …	
Achtung!	
Hier ist …verbot!	

Wichtige Sätze und Ausdrücke

Ü 15 Meine Wörter und Sätze. Schreiben Sie.

einundsiebzig | 71

Ausklang und Wiederholung

Ü 1 Schreiben Sie indirekte Fragen.

→ Kapitel 1
1. Sie möchten die Uhrzeit wissen.
2. Sie möchten eine Adresse wissen.
3. Sie möchten den Beruf einer Person wissen.
4. Sie haben Ihre Eltern zum Essen eingeladen und haben noch keine Nachricht.
5. Ihre Freundin hat Ihre E-Mail noch nicht beantwortet.
6. Sie sehen im Kaufhaus einen schönen Pullover ohne Preisschild.

1. Können Sie mir bitte sagen, wie spät es ist?

Ü 2 Finden Sie 10 Wörter zum Thema „Kleidung" (waagerecht und senkrecht) und schreiben Sie.

→ Kapitel 2

M	K	H	D	T	H	U	Z	W	C	V	G	S	L	P	A	N	D	E	B
E	T	U	G	S	A	M	B	L	U	F	K	T	M	O	V	B	W	E	D
S	F	G	E	T	I	O	R	T	C	H	M	W	A	I	N	S	I	O	P
Q	S	C	S	O	N	D	E	R	A	N	G	E	B	O	T	Q	A	I	W
M	E	F	C	F	K	E	K	S	I	M	U	S	T	E	R	Q	A	U	S
S	I	E	H	F	F	E	P	C	U	M	T	A	U	S	C	H	W	E	R
E	L	F	M	A	R	K	E	N	K	L	E	I	D	U	N	G	A	U	S
R	E	Z	A	L	X	G	U	U	N	I	F	O	R	M	J	H	F	Z	O
C	I	S	C	Q	U	A	L	I	T	Ä	T	X	Q	Q	L	C	H	E	T
R	B	S	K	O	S	X	V	A	O	X	L	R	N	N	M	J	E	I	B
M	I	L	M	A	T	E	R	I	A	L	K	H	B	G	Z	B	I	S	C
K	O	A	M	Z	I	G	A	O	D	E	Ü	F	K	A	H	L	I	B	A

_____
_____
_____
_____

Ü 3 Schreiben Sie Sätze mit „obwohl" und „trotzdem".

→ Kapitel 3
1. Frau Sunderland spricht gut Deutsch. Frau Gomez organisiert einen Dolmetscher.
2. Für Sandra ist es nicht leicht in Frankreich. Es gefällt ihr dort.
3. Sie hat das Praktikum gut vorbereitet. Sie hat Probleme bei der Arbeit.
4. Enrico sucht eine Stelle im sozialen Bereich. Er würde auch mit Tieren arbeiten.
5. Herr Brunner ist krank. Er fährt zum Termin bei der Firma Masch.
6. Die Firma ist ziemlich groß. Der Chef kennt jeden Mitarbeiter persönlich.

1. Obwohl Frau Sunderland ... / Frau Sunderland ..., trotzdem ...

Ü 4 Schreiben Sie Sätze im Präteritum.

1. Letzte Woche – besuchen – meine Freundin in Wien → Kapitel 4
   Letzte Woche besuchte ich

2. Ich – sein – zum ersten Mal dort – total gut gefallen

3. Wir – machen – Stadtbesichtigung – jeden Abend – ausgehen

4. Meine Freundin – vorstellen alle ihre Freunde – sein – sehr nett

5. Ich – zurückkommen nach Düsseldorf – sehr müde – sein – aber super

Ü 5 Ergänzen Sie die Relativpronomen und/oder Präpositionen.

1. Wie heißt das Buch, _____ du letzte Woche gelesen hast und _____ so spannend war? 2. Wir gehen in → Kapitel 5
das Restaurant, _____ _____ man so guten Fisch bekommt. 3. Was macht eigentlich der junge Mann,
_____ _____ du so viel erzählst? 4. Ich habe letzten Monat die Stadt besucht, _____ _____ ich geboren
bin. 5. Das Haus, _____ _____ ich aufgewachsen bin, hat sich sehr verändert. 6. Mit der Familie, _____
wir im Urlaub kennengelernt haben, haben wir immer noch Kontakt. 7. Hier ist das Buch, _____ du seit
einer halben Stunde suchst.

Ü 6 Antworten Sie. Verwenden Sie „um ... zu" oder „damit".

1. Wozu macht Frau Beyeler eine Ausstellung? (Bilder verkaufen) → Kapitel 6
2. Wozu ruft Juri im Hotel an? (Reservierung bestätigen)
3. Wozu braucht die Getränkequelle die Adresse der Galerie? (Getränke liefern)
4. Warum streicht Juri die Wände der Galerie? (Galerie schön aussehen)
5. Warum schickt Juri der Zeitung einen Pressetext? (Zeitung für Ausstellung Werbung machen)
6. Warum geht Herr Lüpertz zur Bank? (Geld einzahlen)

1. Frau Beyeler macht eine Ausstellung, um ...

ZD

Ü 7 Schreiben Sie den Text.

→ Kapitel 7

abnimmt. / zum Thema / Fernsehkonsum / in Europa / Eine Studie / der Fernsehkonsum / dass / stellt fest, / und / generell / in den USA / • / die Erwachsenen / In Europa / ungefähr / sehen / täglich / 217 Minuten / fern. / • / Am / wenigsten / mit / sehen / fern / die deutschsprachigen Schweizer / 143 Minuten. / • / liegt / sitzen, / bei / 290 Minuten / Die Zeit, / in den USA / die / vor dem Fernseher / pro Tag. / Erwachsene / • / dachte, / dass / das / stimmt / man / vor dem Fernseher / Wenn / nur / nicht. / sitzen, / Kinder / • / Österreichische Kinder / fern / mit 81 Minuten / der / viel weniger / liegt. / als der Durchschnitt / sehen / in Westeuropa, / bei 128 Minuten / • / Kinder. / amerikanischen / stehen / die / An der Spitze / • / 192 / Sie / täglich / Minuten / fern. / sehen

Eine Studie zum ...

Ü 8 Ergänzen Sie.

→ Kapitel 8

A. Kochen ist mein Hob____ (1). Ich kaufe nicht oft im Sup_____ (2) ein, lieber gehe ich in die Bäck_____ (3), in den Gemüsel_____ (4) und in die Metz_____ (5). Da bekomme ich ges_____ (6) Prod_____ (7). Ich fahre auch direkt zum Bau_____ (8) zum Eink_____ (9), weil ich da wunderbares Ob___ (10) und Gem_____ (11) bekomme.

B. Wir kochen gern und lieben die intern_____ (1) Küche. Einkaufen tun wir über____ (2). Im Supermarkt kaufen wir Lebensm_____ (3) wie Zuc____ (4), Mil___ (5) oder Eier. Die sind dort einfach bil_____ (6). Obst und Gemüse kaufen wir beim türk_____ (7) Händ____ (8), dort ist es gün_____ (9) und mit der Qual____ (10) sind wir auch sehr zufr_____ (11).

Ü 9 Ordnen Sie den Dialog.

→ Kapitel 9

____ Und dann müssten Sie noch 10 Euro Praxisgebühr bezahlen, bitte.

____ Guten Tag. Mein Name ist Maier. Ich habe um 10.00 Uhr einen Termin.

____ Noch einmal? Das ist aber ärgerlich.

____ Ja, hier, bitte.

____ Guten Tag, Frau Maier. Haben Sie Ihre Versichertenkarte dabei?

____ Die habe ich doch schon beim Hausarzt bezahlt.

____ Beim Zahnarzt müssen Sie sie leider noch einmal bezahlen.

Ü 10 Ergänzen Sie.

→ Kapitel 10

| Mietvertrag • Adresse • streichen • professionell • gekündigt • Umzug |
| geprüft • Kartons • Helfer • neuen • Packen |

Sabine hat ihren _____ (1) perfekt organisiert. Sie hat den alten _____ (2) fristgerecht _____ (3) und den neuen genau _____ (4), bevor sie ihn unterschriebenen hat. _____ (5) wollte sie keine, sie hat lieber eine Firma bestellt, die alles _____ (6) erledigt. Sie muss in der alten Wohnung die Wände _____ (7) und putzen, das macht sie selbst. Für ihren Umzug braucht sie 100 _____ (8), die schon auf dem Balkon stehen. Beim _____ (9) hilft ihr eine Freundin. Die neue _____ (10) verschickt sie erst, wenn sie in der _____ (11) Wohnung ist und wieder mehr Zeit hat.

Ü 11 Wie heißen die Wörter?

→ Kapitel 11

1. das Gegenteil von Erholung und Entspannung, 2. das macht man mit Obst und Gemüse, wenn es reif ist, 3. wenn draußen alles weiß ist, dann liegt ..., 4. das Nomen zu „frieren", 5. ein anderes Wort für „joggen", 6. die hat man, wenn man nicht schnell müde wird, 7. wenn man etwas noch nicht kann und gerade lernt, ist man ein ..., 8. wenn die Straßen es sind, kann man ausrutschen

Rückschau

Sind Sie zufrieden mit Ihrem Deutschkurs?

Ja ☐
Warum? _____

Nein ☐
Warum? _____

Welches Thema hat Ihnen am besten gefallen?

_____
_____

Welche deutschen Wörter finden Sie schön?

_____
_____
_____

**Sehen Sie die Seiten mit „Training" an.
Welche Strategien haben Ihnen beim Lernen geholfen?**

Beim Lesen:
_____
_____

Beim Sprechen:
_____
_____

Beim Hören:
_____
_____

Beim Schreiben:
_____
_____

Lösungsschlüssel

Kapitel 1

Ü 1 1. Ich lebe seit 2 Monaten in Amerika. Am Anfang war ich skeptisch und ängstlich. 2. Sydney ist meine zweite Heimat. Ich habe hier Erfolg im Beruf und das Land gefällt mir. 3. Ich arbeite lieber in Deutschland als in Polen, weil ich hier besser verdiene. Aber ich vermisse meine Freunde und gehe vielleicht wieder nach Polen zurück. 4. Ich bin oft unterwegs und lebe aus dem Koffer. Wie lange ich das noch machen will, weiß ich nicht. 5. Ich kann nicht lange zu Hause leben. Deshalb fasziniert mich am Reisen alles, was nicht so ist wie zu Hause.

Ü 2 1. F, 2. E, 3. D, 4. A, 5. C, 6. B

Ü 3 1. Tourismuskauffrau, 2. Fremdsprachenkenntnisse, 3. Erfahrung, 4. Tourist, 5. Reisen, 6. Angst, 7. Flussüberquerung, 8. Konsulat

Ü 4 1. Was ist wichtig, wenn man ins Ausland fährt? 2. Sind Sie oft im Ausland? 3. Haben Sie auf Ihren Reisen mal etwas Besonderes erlebt? 4. Hatten Sie unterwegs auch mal Probleme? 5. Was haben Sie gemacht, als Sie unterwegs Ihren Pass verloren haben? 6. Was war Ihr schönstes Erlebnis in einem fremden Land?

Ü 5 1. ERASMUS-Programm, 2. bewerben, 3. Heimatuniversität, 4. Kopie, 5. Kenntnisse

Ü 6 3, 5, 7, 1, 10, 2, 4, 9, 8, 6

Ü 7
● Kann ich Ihnen helfen?
○ Ja, ich habe ein Nichtraucherzimmer bestellt.
● Welche Zimmernummer haben Sie denn?
○ 432.
● 432 ist ein Nichtraucherzimmer.
○ Aber in dem Zimmer riecht es nach Rauch. Ist vielleicht ein anderes Zimmer frei?
● Moment bitte, ja, 434 ist noch frei.
○ Danke, das ist sehr nett von Ihnen.

Ü 8 1. (sich) abmelden, 2. Einwohnermeldeamt, 3. Anmeldeformular, 4. Anschrift, 5. beantragen, 6. fremd, 7. Einheimischen

Ü 9 1. weil, 2. darum, 3. deshalb, 4. weil, 5. deshalb, 6. darum, 7. weil

Ü 10 1. Wissen Sie schon, ob Sie den Job noch lange machen wollen? 2. Wo haben Sie so gut Englisch gelernt? 3. Was war Ihr schönstes Reiseerlebnis? 4. Darf ich fragen, ob Sie sich in Australien wohlfühlen? 5. Was soll ich machen? 6. Kommst du morgen? 7. Ich würde gerne wissen, wie lange Ihre Schwester schon in Portugal lebt.

Ü 11 2. Ich habe keine Ahnung, was ich heute koche/kochen soll. 3. Darf ich Sie fragen, wie alt Sie sind? 4. Wissen Sie, ob/wie lange/mit wem Herr Maier verheiratet ist? 5. Sagst du mir noch einmal, ob/wann du kommst? 6. Können Sie mir bitte sagen, wann der Bus fährt? 7. Ich weiß noch nicht, ob/wann/wie lange ich morgen Zeit habe.

Kapitel 2

Ü 1 Sportler: 1970er-Jahre, adidas wird beliebteste Marke, das „Kleeblatt-Logo"
Punks: 1980er-Jahre, die Haare bunt färben, kaputte Kleidung tragen, die Bevölkerung schockieren
Raver: 1990er-Jahre, die „Loveparade", Körperschmuck tragen, Tattoo und Piercing sind „in"

Ü 2 1. Frage des Geldes, 2. kreativ, 3. (Kleider) machen Leute, 4. Qualität, 5. Uniformen von heute, 6. junge Leute, 7. bunte Klamotten, 8. seriös

Ü 3 1. B, 2. C, 3. D, 4. A

Ü 4 *Vorschlag:* Frau Geiges hat in Italien eine Modeschule besucht und dort das professionelle Stricken auf Maschinen gelernt. Danach ging sie zurück nach München und hat dort ihr eigenes Label gegründet. Es heißt „Individuelles Strickwerk", deshalb gibt es auch nur Einzelstücke. Frau Geiges macht vom Entwurf bis zur Ausführung alles selbst und achtet sehr auf Qualität. Sie verwendet nur Naturmaterialien und macht ihre Mode nur für Frauen. Ihre Stricksachen sind sehr feminin und fast wie eine zweite Haut.

Ü 5 1. schön, 2. super, 3. todchic, 4. elegant, 5. langweilig, 6. zeitlos, 7. warm, 8. ausgefallen, 9. hübsch, 10. toll

Ü 6 1. registrieren, 2. Passwort, 3. Benutzernamen, 4. klickt, 5. Artikel, 6. Größe, 7. Farbe, 8. legt, 9. Warenkorb, 10. Bestellung, 11. gefällt, 12. zurückgeben, 13. umtauschen

Ü 7 1. Man kann eine fehlerhafte Ware gegen eine neue Ware umtauschen. 2. Wenn man etwas umtauschen oder zurückgeben möchte, braucht man den Kassenzettel. 3. Eine Ware kann man nur umtauschen, wenn der Verkäufer einverstanden ist. 4. Sonderangebote kann man nicht immer umtauschen.

Ü 8 6, 4, 5, 2, 3, 1

Ü 9 1. KAPUTT, 2. SONDERANGEBOT, 3. REKLAMIEREN, 4. KASSENZETTEL, 5. REPARIEREN, 6. UMTAUSCHEN

Ü 10 1. der, 2. der, 3. des, 4. der, 5. des, 6. der, 7. des

Ü 11 1. weil, 2. weil, obwohl, 3. obwohl, weil, 4. weil, 5. obwohl

Ü 12 1. Er kauft den Anzug, obwohl er teuer ist. 2. Sie trägt keine Jeans, obwohl sie bequem sind. 3. Der Verkäufer hat die Ware nicht umgetauscht, obwohl ich den Kassenzettel hatte./Der Verkäufer tauscht die Ware nicht um, obwohl ich den Kassenzettel habe. 4. Die neue Waschmaschine war nach 2 Monaten kaputt, obwohl sie ein teures Markengerät war. 5. Ich trage den Mantel sehr gern, obwohl er nicht mehr modern ist. 6. Wir geben viel Geld für Kleidung aus, obwohl wir sparen müssen.

Ü 13 1. schönsten, 2. liebsten, 3. besten, 4. wärmste, 5. liebste

siebenundsiebzig | 77

Lösungsschlüssel

Kapitel 3

Ü 1 6, 9, 4, 2, 3, 1, 7, 5, 8

Ü 2 1. Hotel Garni „Sprint", 2. mein Name ist Meier-Gomez, 3. Was kann ich für Sie tun? 4. Ich wollte wissen, 5. da ist noch was frei, 6. kosten die Zimmer? 7. 65 Euro. Ohne Frühstück. 8. 10 Euro extra. 9. Mit Frühstück bitte.

Ü 3 *Vorschlag:* Die Firma Masch ist 50 Jahre alt. Sie hat ihren Firmensitz seit 1992 in Erfurt und hat heute 25 Mitarbeiter. Sie produziert Geschenkartikel wie z. B. Gartenzwerge, Holzspielsachen und Weihnachtsartikel. Die Produktion ist in Deutschland, aber die Firma hat Vertretungen in Süd-, Ost- und Mitteleuropa.

Ü 4 1. Sandra gewöhnt sich langsam an das Leben in Frankreich. 2. Sie versucht, keine Angst zu haben und die französischen Wörter richtig auszusprechen. 3. Ihr fällt auf, dass die Menschen in Frankreich immer sehr höflich sind. 4. Obwohl sie sich gut auf das Praktikum vorbereitet hat, hat sie immer noch Probleme. 5. Manchmal bringt sie die Wörter durcheinander. 6. Als sie für ihren Chef übersetzen musste, hat alles gut geklappt.

Ü 5 Anzeige 1: 1., 4., 5.; Anzeige 2: 2., 3., 6.

Ü 6 Sehr **geehrte** Damen und Herren,
ich interessiere **mich** sehr für Ihre Anzeige. Sie suchen einen Praktikanten für **die spanische** Redaktion und ich möchte mich gern bewerben. Ich bin 22 Jahre alt, studiere **seit zwei Jahren** Journalistik und habe früher bei **der** Schülerzeitung gearbeitet. In **der** Uni schreibe ich für **das** Studentenmagazin. Meine Muttersprache ist Spanisch, aber ich spreche auch Italienisch und besuche **einen** Deutschkurs an der Uni. Ich würde sehr gern das Praktikum bei Ihnen machen. Ich freue mich auf Ihre Antwort und **beantworte** gerne Ihre Fragen.
Mit freundlichen Grüßen
José Morales

Ü 7 1. Gäste empfangen, 2. Auskunft geben, 3. jemandem die Arbeit erklären, 4. sich über etwas beklagen, 5. erklären, wie etwas funktioniert, 6. etwas über die Firma erzählen, 7. Termine vereinbaren, 8. einen Brief übersetzen

Ü 8 1. empfangen, 2. vergrößern, 3. verkaufen, 4. kennenzulernen, 5. anzusehen, 6. umzuziehen, 7. entwickeln, 8. betreuen

Ü 9 2. dich anzurufen, 3. ein Referat zu halten, 4. ein Praktikum zu machen, 5. früh aufzustehen, 6. im Ausland zu arbeiten, 7. alles richtig zu machen

Ü 10 1. Sie hatte Angst vor der Prüfung, trotzdem hat alles gut geklappt. 2. Er hat sich beeilt, trotzdem hat er den Zug verpasst. 3. Sie verdient nicht viel, trotzdem gefällt ihr die Arbeit. 4. Er hat keine Berufserfahrung, trotzdem hat er die Stelle bekommen. 5. Das Hotel ist sehr teuer, trotzdem reserviert Frau Gomez ein Zimmer. 6. Die Firma ist klein, trotzdem hat sie Vertretungen im Ausland.

Kapitel 4

Ü 1 1. An der Ringstraße stehen wichtige Gebäude, die Wien zum kulturellen und politischen Zentrum machten. 2. Zwischen 1850 und 1880 entstanden hier das Rathaus, das Parlament und die Staatsoper. 3. Die Hofburg war bis 1918 die Residenz der österreichischen Kaiser. 4. Im Museumsquartier gibt es Museen für moderne Kunst und Festivals. 5. Wien ist ein offizieller Sitz der Vereinten Nationen (UNO).

Ü 2 1. Wiener, 2. Autobussen, 3. Stationen, 4. Ansage, 5. Musiker, 6. Stunden, 7. Stimme

Ü 3 1. F, 2. R, 3. R, 4. F, 5. R, 6. F, 7. R

Ü 4 *Vorschlag:* Nadja Sokolova kommt aus Moskau und lebt seit sechs Jahren in Wien. Sie liebt das große Kulturangebot in der Stadt und ihr gefällt die zentrale Lage in Europa. Sie findet Wien auch im Alltag sehr angenehm, z. B. weil der öffentliche Verkehr sicher und bequem ist. Nur die Öffnungszeiten der Geschäfte mag sie nicht, weil sie am Abend und am Sonntag nicht einkaufen kann. Sie findet, dass Wien durch die vielen Studenten auch eine lebendige Stadt ist, aber im Vergleich zu Moskau ist sie trotzdem ein bisschen verschlafen.

Ü 5 3, 8, 5, 6, 9, 7, 2, 4, 1

Ü 6 1. D, E, 2. E, 3. C, D, E, 4. B, 5. A, D, E

Ü 7 1. aus Polen, 2. Akkordeon, 3. „Straße der Musikanten", 4. Straßenmusik, 5. die Mitglieder, 6. Karriere, 7. Sängerin, 8. Musikerfreunden, 9. CD

Ü 8 Waagerecht: 4. ABGEORDNETER, 6. WAHL, 8. OPPOSITION, 10. BUNDESPRÄSIDENT, 11. MINISTER
Senkrecht: 1. BUNDESKANZLER, 2. BUNDESTAG, 3. PARLAMENT, 5. REGIERUNG, 7. ARMEE, 9. PARTEI

Ü 9 2. Wovon erzählt sie? 3. Mit wem telefoniert sie oft? 4. Worauf konzentriert sich Enrico? 5. Mit wem diskutiert Erika nicht gern? 6. Von wem hat Herr Brunner geträumt?

Ü 10 2. darüber, 3. daran, 4. darauf, 5. damit, 6. danach

Ü 11 1. wollte, 2. machte, 3. begann, 4. interessierte (sich), 5. schrieb, stand, 6. ging, lebte

Kapitel 5

Ü 1 1. F, 2. F, 3. R, 4. F, 5. R, 6. R

Ü 2 1. abwechslungsreich und farbig, 2. verschiedene Sprachen, 3. im Kühlschrank, 4. Schweizer Käse, 5. in Australien, 6. Vietnam besuchen, 7. Welten, 8. drei Kulturen

Ü 3 1. Mit 18 zog Kim Baumann in die Schweiz und studierte zuerst Chemie und dann Medizin. 2. Danach arbeitete sie als Assistenzärztin in New York und besuchte Vietnam. 3. Seit kurzer Zeit arbeitet sie als Ärztin für innere Medizin in einem Krankenhaus bei Bern.

Ü 4 3, 9, 10, 6, 5, 1, 4, 7, 8, 2, 12, 11

Ü 5 1. C, 2. D, 3. E, 4. A, 5. B

Ü 6 1. Zeile 2–3, 2. Z. 15–16, 3. Z. 29–35, 4. Z. 39–41, 5. Z. 60–63, 6. Z. 72–78

Ü 7 1. R, 2. F, 3. F, 4. R, 5. F, 6. R

Ü 8 1. auf einer Geschäftsreise, in sie verliebt, 2. unabhängig bin, 3. zu viel Besuch, 4. sehr fröhlicher Mensch, 5. keine Kinder möchte

Ü 9 **Wer?** Florence Riedl
Was? ist mit einem Schweizer verheiratet, den sie in ihrer Heimat kennengelernt hat; war überrascht, wie klein die Schweiz ist; kümmert sich um die Kinder und den Haushalt; ihr Mann Herbert verdient das Geld; beide lieben sich sehr, auch wenn sie sich ab und zu streiten
Wann? Wie lange? ist seit sieben Jahren verheiratet; am Anfang war es für sie in der Schweiz nicht einfach; heute fühlt sie sich hier wohl
Wo? Woher? kommt aus Namibia; lebt in der Schweiz
Warum? Wie? ihr haben am Anfang ihre Freundinnen gefehlt, mit denen sie lachen konnte; war unsicher, z. B. beim Einkaufen; hatte Probleme mit dem Essen

Ü 10 1. Kim besuchte gern ihre Großeltern, die in der Schweiz lebten. 2. Für die Vielfalt, die Kim erlebt hat, ist sie sehr dankbar. 3. Männer, die von ihren Frauen finanziell abhängig sind, haben damit oft Probleme. 4. Monica ist die Frau, der Paolo sofort vertraut hat.

Ü 11 1. in dem, 2. in denen, 3. in dem, 4. mit denen, 5. bei denen, 6. mit denen, 7. mit denen, 8. über die, 9. mit dem, 10. in dem

Ü 12 1. wo, was, wo, 2. wo, 3. wo, wo, was

Kapitel 6

Ü 1 *Vorschlag:* Frau Beyeler und Juri haben die Entwürfe der Einladungskarten bekommen. Sie müssen schnell einen Entwurf auswählen, denn er muss heute noch in die Druckerei. Die Entscheidung ist schwer. Obwohl Frau Beyeler der klare und moderne Entwurf am besten gefällt, schlägt sie den zweiten vor. Juri findet den dritten Entwurf am besten und Frau Beyeler ist mit dem Vorschlag einverstanden.

Ü 2 1. D, 2. C, 3. B, 4. A

Ü 3 1. Homepage, 2. Transporttermin, 3. Hotel, 4. Zimmer, 5. Einladungskarten, 6. Pressetext, 7. Partyservice, 8. Essen

Ü 4 1. F, 2. F, 3. F, 4. R, 5. R, 6. R

Ü 5 die Begrüßung, die Ausstellung, das Programm, die Vorstellung, die Information, das Gespräch, das Büfett, die Gäste, die Eröffnung, die Veranstaltung, das Vergnügen, die Einladung

Ü 6 ● Das Bild ist fantastisch!
○ Findest du? Trotz der dunklen Farben?
● Aber die Farben sind doch nicht dunkel, sondern intensiv! Mir gefällt vor allem das leuchtende Rot!
○ Ich weiß nicht, mir ist das Rot zu aggressiv.
● Aggressiv? Nein, es strahlt doch so richtig!

Ü 7 ● Guten Tag, Malich, Galerie „Kunstforum". Ich wollte fragen, wann der Bildertransport bei uns ankommen wird.
○ Tut mir leid, Herr Malich, der Transport kommt nicht vor 19 Uhr. Der Fahrer hat angerufen, er steht im Stau.
● So spät? Das wird schwierig, wir schließen um sechs. Können Sie vielleicht morgen Vormittag kommen?
○ Das ist leider nicht möglich. Der Transporter fährt heute noch weiter nach Stuttgart.

Ü 8 1. Herr Lüpertz kauft auf Flohmärkten alte Möbel, repariert sie und verkauft sie wieder. 2. Wenn er eine echte Antiquität findet, verdient er ganz gut. 3. Herr Lüpertz hat viele Ausgaben, denn für seinen Laden muss er Miete, Strom und Heizung bezahlen. 4. Da er sein Auto mit einem Kredit gekauft hat, muss er auch noch Raten bezahlen.

Ü 9 1. das Bargeld, 2. der Bankautomat, 3. der Scheck, 4. die Quittung, 5. die Kontonummer, 6. das Girokonto, 7. die Kreditkarte, 8. die Rechnung, 9. die Überweisung, 10. die Bankleitzahl

Ü 10 1. E, 2. C, 3. A, 4. B, 5. D

Ü 11 1. Frau Beyeler und Juri treffen sich, um einen Entwurf für die Einladungskarte auszuwählen. 2. Frau Beyeler bespricht noch einmal alles mit Juri, damit er alles richtig macht. 3. Juri ruft im Hotel an, um die Zimmer für die Künstler zu reservieren. 4. Luise macht sich Notizen, damit sie bei der Begrüßung nichts vergisst. 5. Juri spricht Frau Beyeler eine Nachricht auf den Anrufbeantworter, damit sie weiß, dass die Spedition die Bilder erst sehr spät bringt.

Ü 12 1. wegen, 2. während, 3. wegen, 4. während, 5. trotz

Ü 13 1. wegen **der** warm**en** Farben, 2. Trotz **des** schlecht**en** Wetters, 3. Wegen **einer** schlimm**en** Erkältung, 4. wegen **des** toll**en** Frühstücksbüffet**s**, 5. trotz **der** hoh**en** Preise

Lösungsschlüssel

Kapitel 7

Ü 1 1. Ich war 2 Jahre arbeitslos und habe mich schlecht gefühlt. Ich bin glücklich, weil ich endlich wieder Arbeit gefunden habe. 2. Dass ich gesund bin und noch jeden Tag aufstehen kann, das ist Glück für mich (das macht mich glücklich). 3. Ich habe 200.000 Euro im Lotto gewonnen und habe mir eine Wohnung gekauft. Ich hatte wirklich sehr viel Glück. 4. Wenn ich morgens beim Aufwachen das erste Lächeln von meinem Mann sehe, macht mich das glücklich. 5. Glück ist, wenn am Morgen die Sonne scheint und die Vögel singen.

Ü 2 1. Kleeblatt, 2. Glück, 3. Himmelsrichtungen, 4. Symbol, 5. Glücksbringer, 6. fragen, 7. berühren, 8. Schornsteinfeger, 9. verschenkt

Ü 3 Meldestelle für Glücksmomente: 6
Geteiltes Glück: 1, 4,
Glückswissenschaft: 3, 5, 7
Ideen und Visionen: 2

Ü 4 Waagerecht: 1. NACHRICHTEN, 2. QUIZ, 3. WETTER
Senkrecht: 4. TALKSHOW, 5. SPORTSCHAU, 6. SERIE, 7. SPIELFILM

Ü 5 1. R, 2. F, 3. R, 4. R, 5. F, 6. F, 7. F, 8. R, 9. R

Ü 6 1. Was siehst du für Sendungen? 2. Siehst du viel fern? 3. Ich mag die Sportschau. Und du? 4. Kennst du …? / Hast du … schon mal gesehen?

Ü 7 9, 4, 1, 6, 7, 8, 3, 5, 2

Ü 8 1. Wetterbericht, 2. Moderator/in, 3. Reisen, 4. Star, 5. Fernsehen

Ü 9 1. Nachbarn, 2. Praktikanten, 3. Bauern, 4. Affen, 5. Schrank, 6. Studenten, 7. Kollegen, 8. Brief, 9. Experten

Ü 10 1. als auch, 2. noch, 3. oder, 4. sondern … auch, 5. entweder, 6. weder, 7. sowohl, 8. nicht nur

Ü 11 1. Wir werden im Sommer heiraten. 2. Nach dem Abitur wird er Medizin studieren. 3. Wirst du pünktlich nach Hause kommen? 4. Wir wissen noch nicht, wie die Medien in Zukunft unser Leben verändern werden. 5. Über das Problem werde ich mit meinem Chef sprechen.

Kapitel 8

Ü 1 1. E, 2. C, D, 3. A, D, 4. B, C, 5. B, C

Ü 2 *Vorschlag:* Wenn das Wetter schön ist, nimmt Andreas sein Essen von zu Hause mit in die Firma. In der Mittagspause geht er gern im Park spazieren oder er sitzt auf einer Bank und isst sein Brot und etwas Obst. Manchmal trifft er sich auch mit seiner Freundin. Wenn das Wetter schlecht ist, geht er in ein Café, isst dort eine Kleinigkeit und liest die Zeitung. Weil er mittags lieber seine Ruhe haben will, geht er nicht in die Kantine.

Ü 3 *Vorschlag:*
● Bianca Moser.
○ Hallo, Bianca. Hier ist Anne. Ich möchte fragen, wann ich heute Abend kommen soll?
● Gegen sechs. Dann wird es nicht so spät. Ich habe morgen einen anstrengenden Tag.
○ Soll ich einen Nachtisch mitbringen? Vielleicht einen Kuchen?
● Das ist lieb, Anne, aber nicht nötig. Komm einfach so.
○ Ich hätte noch eine Frage. Ich habe Besuch von einem Freund. Darf er mitkommen?
● Aber natürlich! Weißt du, ob er Vegetarier ist?
○ Nein, er ist kein Vegetarier, er isst bestimmt alles.

Ü 4 1. Salat mischen, 2. Gemüse kochen, schneiden, waschen, putzen, 3. Zwiebeln schneiden, hacken, braten, schälen, 4. Kartoffeln kochen, schneiden, waschen, braten, reiben, schälen, pürieren, 5. Fleisch kochen, schneiden, braten, 6. Suppe kochen, 7. Sahne schlagen, 8. Kräuter schneiden, hacken, 9. Karotten schneiden, waschen, kochen, reiben, putzen, pürieren, 10. Brot schneiden, backen

Ü 5 1. das/der Gulasch, 2. das Sauerkraut, 3. die Zwiebel, 4. der Knoblauch, 5. die Kartoffel, 6. die Sahne, 7. die Petersilie, 8. das Olivenöl

Ü 6 1. Auf dem Bauernhof, 2. großen Garten, 3. ein Hofladen, 4. an die Kunden, 5. aus Innsbruck, 6. frische Lebensmittel, 7. die Qualität ist ausgezeichnet, 8. das sie essen, 9. keine Chemie, 10. sehr wichtig

Ü 7 1. F, 2. F, 3. R, 4. F, 5. F, 6. R

Ü 8 2. ein geschälter Apfel, 3. meckernde Kollegen, 4. kochendes Wasser, 5. eine gehackte Zwiebel, 6. das tanzende Kamel, 7. die geputzten Schuhe

Ü 9 1. ein gekochtes Ei, 2. die passenden Schuhe, 3. Deine strahlenden Augen, 4. gebrauchte Sachen, 5. von frisch gewaschener Wäsche, 6. keine unrasierten Männer, 7. keine tanzenden Kamele, 8. Schlafende Hunde

Ü 10 2. Wir sehen nicht fern, während wir essen. 3. Ich höre keine Musik, während ich Hausaufgaben mache. 4. Sie liest die Zeitung, während sie frühstückt. 5. Frau Berger telefoniert mit ihrer Freundin, während Herr Berger kocht. 6. Während ich im Krankenhaus bin, kümmert sich meine Mutter um die Kinder. 7. Während Paul in die Bäckerei geht, geht Monika in den Bioladen.

Ü 11 2. sie uns, 3. es ihm, 4. sie mir, 5. es mir, 6. sie mir

Ü 12 1. mit, 2. auf, 3. für, 4. mit, 5. an, 6. mit

Ü 13 1. gespannt, 2. fertig, 3. typisch, 4. zufrieden, 5. befreundet, 6. interessiert

Kapitel 9

Ü 1 8, 6, 7, 2, 1, 3, 9, 4, 10, 5

Ü 2 1. Notruf, 2. Verletzung, 3. Ortsbeschreibung, 4. beteiligt, 5. Angaben, Notarzt

Ü 3 1. E, 2. D, 3. A, 4. C, 5. B

Ü 4 1. Der Notarzt bekommt von der Notrufzentrale die Informationen über die Unfallart und die Verletzungen, damit er alles vorbereiten kann. 2. Der Notarzt gibt Herrn Baier ein Schmerzmittel, legt eine Schiene an sein Bein und bringt ihn in das städtische Krankenhaus. 3. Der Notarzt schaltet das Blaulicht nur bei Notfällen ein, wenn die Patienten in Lebensgefahr sind. 4. Pro Jahr gibt es ca. 30.000 Einsätze, davon sind ungefähr 10% Unfälle. Die meisten Patienten haben Herz- oder Kreislaufprobleme.

Ü 5 1. C, 2. H, 3. D, 4. I, 5. B, 6. G, 7. A, 8. J, 9. F, 10. E

Ü 6 1. F, 2. R, 3. R, 4. F, 5. R, 6. F, 7. F

Ü 7 1. „Ärzte ohne Grenzen", 2. Nothilfe, 3. Schnelligkeit, 4. Krieg oder Naturkatastrophen, 5. Spenden

Ü 8 1. MEDIKAMENT, 2. REZEPT, 3. UNFALL, 4. NOTRUF, 5. KRANKENWAGEN, 6. RÖNTGENAUFNAHME, 7. VERLETZUNG, 8. KRANKENVERSICHERUNG, 9. PRAXISGEBÜHR, 10. ÜBERWEISUNG, 11. SCHMERZEN, 12. VERSICHERTENKARTE

Ü 9 1. mir, 2. sich, 3. sich, 4. dir, 5. euch, 6. uns

Ü 10 1. Ich habe **mir** den Fuß verletzt. 2. Hast du **dir** das gut überlegt? 3. Er hat **sich** gestern über den Kollegen aufgeregt. 4. Macht **euch** einen schönen Abend! 5. Warum kämmst du **dir** nicht die Haare?

Ü 11 1. Herr Mertens lässt sich vom Notarzt das Bein verbinden. 2. Im Krankenhaus lässt er das Bein röntgen. 3. Der Arzt lässt Herrn Mertens nicht nach Hause gehen. 4. Herr Mertens lässt sich von seiner Frau etwas zum Lesen mitbringen.

Ü 12 1. Die Krankenschwester braucht nicht an der Visite teilzunehmen. 2. Sie brauchen keinen Arzt zu rufen. 3. Sie brauchen mir nicht zu helfen. 4. Frau Baier braucht keinen neuen Schlafanzug zu kaufen. 5. Er braucht das nicht zu essen, … 6. Ich brauche keine Praxisgebühr zu bezahlen, … 7. Du brauchst keine Angst zu haben, …

Kapitel 10

Ü 1 1. Anne Böring hat die Wohnung gemietet, ohne viel nachzudenken. Wenn sie länger gesucht hätte, hätte sie vielleicht eine Wohnung mit einer größeren Küche gefunden. 2. Die Wohnung ist günstig. Die Nachbarn kennt sie noch nicht, aber der ältere Mann von nebenan scheint nett zu sein. 3. Jens Hansen wohnt schon seit fünf Jahren im Haus, aber er kennt fast niemanden. Wenn er öfter zu Hause wäre, hätte er vielleicht mehr Kontakt. 4. Karin Ebeling versteht sich gut mit ihren Nachbarn. Vor ein paar Jahren gab es mal ein Hausfest, wo fast alle da waren.

Ü 2 1. Und ins Bett geht sie auch immer sehr spät. 2. Vielleicht frage ich mal die Ebelings vom zweiten Stock. 3. Unsere Nachbarn laden uns manchmal zum Mittagessen ein.

Ü 3 1. Kaltmiete, 2. Nebenkosten, 3. Ausstattung, 4. Einbauküche, 5. Tiefgarage, 6. Kaution, 7. Mietvertrag

Ü 4 1. F, 2. R, 3. F, 4. F, 5. R, 6. F, 7. R, 8. R

Ü 5 1, 5, 7, 8, 3, 6, 4, 2

Ü 6 1. 1500 und 2500, 2. auf der Straße, 3. Mädchen wie Jungen, 4. Großstädte, 5. nicht … kümmern, 6. Problem, 7. stehlen, 8. Wunsch, 9. normales Leben

Ü 7 *Vorschlag:* In Göttingen haben elf Frauen zwischen 65 und 91 Jahren eine Alten-WG gegründet. Jede Frau kann machen, was sie will. Pro Woche gibt es einen festen Termin, wo sich alle treffen. Jede der Frauen hat eine Aufgabe wie z. B. das Schließen der Türen und Fenster. Außerdem hat jede Bewohnerin eine Patenschaft für eine oder zwei Mitbewohnerinnen. Die „Patin" hilft ihren Mitbewohnerinnen, holt den Arzt oder kauft für sie ein. Manche Bewohnerin hätte als junger Mensch nicht in einer WG wohnen wollen, weil es zu eng gewesen wäre. Aber heute sind alle froh, dass sie andere Menschen in der Nähe haben.

Ü 8 unfreundlich: 2, 3, 5, 8, 9, 12, 13, 16
freundlich/Lösung versuchen: 1, 4, 6, 7, 10, 11, 14, 15

Ü 9 1. die Tiefgarage, 2. das Dachgeschoss, 3. der Altbau, 4. das Baujahr, 5. die Nebenkosten, 6. die Wohngemeinschaft, 7. die Kaltmiete, 8. die Wohnfläche, 9. die Kaution

Ü 10 1. Wenn sich die Eltern mehr um ihre Kinder kümmern würden, würden weniger Kinder von zu Hause weglaufen. 2. Wenn sie jung wäre, würde sie nicht in einer WG wohnen wollen. 3. Wenn sie nicht in einer WG wohnen würde, wäre sie allein. 4. Wenn die Leute im Haus freundlicher zueinander wären, hätten sie weniger Probleme. 5. Wenn nicht jeder alles im Treppenhaus abstellen würde, wäre das Haus ordentlicher.

Ü 11 1. …, so dass er in Strümpfen durch die Straßen laufen musste. 2. …, so dass sie nicht allein sind, wenn sie von der Schule kommen. 3. …, so dass man hier besser vorbeigehen kann. 4. …, so dass das Sommerfest auch bei Regen stattfinden kann. 5. …, so dass sie sich bei der Hausverwaltung beschwert hat.

Ü 12 1. schöner, besser, 2. mehr, weniger, 3. länger, glücklicher, 4. früher, schneller, 5. öfter, langweiliger

Lösungsschlüssel

Kapitel 11

Ü 1 1. mit dem Fahrrad zur Arbeit fahren, eine U-Bahn-Station früher aussteigen und zu Fuß gehen, 2. im Garten, weil sie dort am besten abschalten und entspannen kann, 3. mit der Familie Fahrrad fahren, laufen, spazieren gehen, faulenzen, in der Sonne liegen, lesen, schlafen, im Biergarten einkehren, 4. Stress auf der Autobahn oder im Stau, 5. er spielt Volleyball in einem Sportverein, 6. dass viele Leute allein Sport machen und z. B. allein durch die Gegend joggen oder Rad fahren und sich beschweren, weil sie keine Kontakte haben

Ü 2 1. laufen, 2. Stunde, 3. Laufpartnerin, 4. Marathon, 5. Fußball, 6. Mannschaft, 7. Spaß, 8. Torwart, 9. Karten, 10. Ausstellungen, 11. Spaß, 12. begleitet

Ü 3 1. R, 2. F, 3. R, 4. F, 5. R, 6. F, 7. F

Ü 4 1. Anfänger sollten langsam anfangen und nicht länger als 15 Minuten laufen. 2. Wenn man außer Atem ist, soll man nicht stehen bleiben, sondern langsam weiterlaufen. 3. Es ist ungesund, direkt nach dem Essen zu laufen. 4. Vor dem Laufen muss man sich gut aufwärmen. 5. Nach dem Laufen darf man nicht vergessen, die Muskeln zu dehnen.

Ü 5 1. D, 2. E, 3. F, 4. G, 5. A, 6. B, 7. C

Ü 6 1. geschützter Lebensraum, 2. Pflanzen und Tiere, 3. erhalten, 4. entwickeln, 5. keine Nutzung, 6. natürlichen, 7. Bäume abbrechen, 8. Erholungsgebiet, 9. beobachten

Ü 7 1. bleiben, 2. pflücken, sammeln, 3. machen, 4. führen, 5. übernachten, 6. stören, 7. abstellen, 8. zurücklassen

Ü 8 Frühling: säen, die Tage werden länger, es wird warm, die Bäume bekommen Blätter
Sommer: die Blumen blühen, das Gewitter, es ist heiß, Früchte und Gemüse wachsen und werden reif
Herbst: der Nebel, die Blätter werden bunt, Obst ernten, die Tage werden kürzer, es wird kühl
Winter: kahle Bäume, der Frost, die Kälte, glatte Straßen, es friert, der Schnee

Ü 9 1. bevor, 2. bis, 3. bis, 4. bevor, 5. bis, 6. bevor

Ü 10 1. demselben, 2. dieselbe, 3. denselben, 4. derselben, 5. dasselbe, 6. demselben, 7. derselben

Ü 11 1. waren, 2. war, 3. hatte, war, 4. hatte, 5. hatte, 6. hatte, hatte

Ü 12 2. Nachdem sie den Computer angemacht hatte, checkte sie die E-Mails (hat sie die E-Mails gecheckt). / Nachdem sie den Computer angemacht hat, checkt sie die E-Mails. 3. Nachdem er die Wohnung geputzt hatte, hat er die Wäsche gebügelt. / Nachdem er die Wohnung geputzt hat, bügelt er die Wäsche. 4. Nachdem ich studiert hatte, ging ich nach Amerika. / Nachdem ich studiert habe, gehe ich nach Amerika. 5. Nachdem wir fünf Stunden gewandert waren, waren wir sehr müde.

Kapitel ZD

Ü 1 2. Können Sie mir sagen, wo Sie wohnen/wie Ihre Adresse ist? 3. Darf ich fragen, was Sie von Beruf sind? 4. Sagt ihr mir bitte noch, ob/wann ihr kommt? 5. Ich habe keine Ahnung, ob du meine E-Mail bekommen hast. 6. Können Sie mir bitte sagen, was der Pullover kostet?

Ü 2 Waagerecht: 1. SONDERANGEBOT, 2. MUSTER, 3. UMTAUSCH, 4. MARKENKLEIDUNG, 5. UNIFORM, 6. QUALITÄT, 7. MATERIAL
Senkrecht: 8. GESCHMACK, 9. STOFF, 10. MODE

Ü 3 1. Obwohl Frau Sunderland gut Deutsch spricht, organisiert Frau Gomez einen Dolmetscher. Frau Sunderland spricht gut Deutsch, trotzdem organisiert Frau Gomez einen Dolmetscher. 2. Obwohl es für Sandra nicht leicht ist in Frankreich, gefällt es ihr dort. Für Sandra ist es nicht leicht in Frankreich, trotzdem gefällt es ihr dort. 3. Obwohl sie das Praktikum gut vorbereitet hat, hat sie Probleme bei der Arbeit. Sie hat das Praktikum gut vorbereitet, trotzdem hat sie Probleme bei der Arbeit. 4. Obwohl Enrico eine Stelle im sozialen Bereich sucht, würde er auch mit Tieren arbeiten. Enrico sucht eine Stelle im sozialen Bereich, trotzdem würde er auch mit Tieren arbeiten. 5. Obwohl Herr Brunner krank ist, fährt er zum Termin bei der Firma Masch. Herr Brunner ist krank, trotzdem fährt er zum Termin bei der Firma Masch. 6. Obwohl die Firma ziemlich groß ist, kennt der Chef jeden Mitarbeiter persönlich. Die Firma ist ziemlich groß, trotzdem kennt der Chef jeden Mitarbeiter persönlich.

Ü 4 1. Letzte Woche besuchte ich meine Freundin in Wien. 2. Ich war zum ersten Mal dort und es gefiel mir total gut. 3. Wir machten eine Stadtbesichtigung und gingen jeden Abend aus. 4. Meine Freundin stellte mir alle ihre Freunde vor und sie waren sehr nett. 5. Ich kam sehr müde nach Düsseldorf zurück, aber es war super.

Ü 5 1. das, das, 2. in dem, 3. von dem, 4. in der, 5. in dem, 6. die, 7. das

Ü 6 1. Frau Beyeler macht eine Ausstellung, um Bilder zu verkaufen. 2. ..., um die Reservierung zu bestätigen. 3. ..., damit sie die Getränke liefern kann. / ..., um die Getränke liefern zu können. 4. ..., damit die Galerie schön aussieht. 5. ..., damit die Zeitung für die Ausstellung Werbung macht. 6. ..., um Geld einzuzahlen.

Ü 7 Eine Studie zum Thema Fernsehkonsum stellt fest, dass der Fernsehkonsum in Europa und in den USA generell abnimmt. In Europa sehen die Erwachsenen täglich ungefähr 217 Minuten fern. Am wenigsten fern sehen die deutschsprachigen Schweizer mit 143 Minuten. Die Zeit, die Erwachsene in den USA vor dem Fernseher sitzen, liegt bei 290 Minuten pro Tag. Wenn man dachte, dass Kinder nur vor dem Fernseher sitzen, stimmt das nicht. Österreichische Kinder sehen mit 81 Minuten viel weniger fern als der Durchschnitt in Westeuropa, der bei 128 Minuten liegt. An der Spitze stehen die amerikanischen Kinder. Sie sehen 192 Minuten täglich fern.

Ü 8 **A.** 1. Hobby, 2. Supermarkt, 3. Bäckerei, 4. Gemüseladen, 5. Metzgerei, 6. gesunde, 7. Produkte, 8. Bauern, 9. Einkaufen, 10. Obst, 11. Gemüse
B. 1. internationale, 2. überall, 3. Lebensmittel, 4. Zucker, 5. Milch, 6. billig(er), 7. türkischen, 8. Händler, 9. günstig(er), 10. Qualität, 11. zufrieden

Ü 9 4, 1, 7, 3, 2, 5, 6

Ü 10 1. Umzug, 2. Mietvertrag, 3. gekündigt, 4. geprüft, 5. Helfer, 6. professionell, 7. streichen, 8. Kartons, 9. Packen, 10. Adresse, 11. neuen

Ü 11 1. Stress, 2. ernten, 3. Schnee, 4. Frost, 5. laufen, 6. Ausdauer, 7. Anfänger, 8. glatt

Quellen

Susanne Busch (Foto: S. 12) – Manuela Glaboniat, Klagenfurt (Foto: S. 31) – Mauritius Images (Foto: S. 67) – Martin Müller, Bürglen (S. 30) – Lutz Rohrmann, Edingen-Neckarhausen (Fotos: S. 62 re.) – Paul Rusch, Oberperfuß (Foto: S. 24) – Süddeutsche Zeitung Bilderdienst / Baur J. (Foto: S. 27 re.) – Lukas Wertenschlag, Lutry (Foto: S. 75 re.)

Alle hier nicht aufgeführten Fotos: Vanessa Daly, München

Alle hier nicht aufgeführten Zeichnungen: Theo Scherling, München

Willkommen in Leos Kneipe!

Ein Schauplatz – Viele spannende Geschichten mitten aus dem Leben

Die neue Lektüre-Reihe Leo & Co.:
mit Übungen, landeskundlichen Informationen,
farbigen Illustrationen und Hörbuch.

Stufe 1

Gebrochene Herzen
Niveau A1-A2, ISBN 978-3-468-49745-2

Die Neue
Niveau A1-A2, ISBN 978-3-468-49746-9

Schwere Kost
Niveau A1-A2, ISBN 978-3-468-49747-6

Der 80. Geburtstag
Niveau A1-A2, ISBN 978-3-468-49748-3

Stufe 2

Schöne Ferien
Niveau A2, ISBN 978-3-468-49749-0

Der Jaguar
Niveau A2, ISBN 978-3-468-49750-6

Große Gefühle
Niveau A2, ISBN 978-3-468-49752-0

Unter Verdacht
Niveau A2, ISBN 978-3-468-49753-7

Stufe 3

Stille Nacht
Niveau A2-B1, ISBN 978-3-468-49754-4

Leichte Beute
Niveau A2-B1, ISBN 978-3-468-49755-1

www.langenscheidt.de

Langenscheidt
...weil Sprachen verbinden

Deutsch als Fremdsprache

Lernerwörterbücher für Einsteiger und Fortgeschrittene: Nachschlagen und sofort verstehen!

Langenscheidt Großwörterbuch Deutsch als Fremdsprache

- Rund 66.000 Stichwörter und Wendungen
- Über 63.000 Beispielsätze
- Info-Fenster und Illustrationen
- CD-ROM-Version inklusive

Langenscheidt Taschenwörterbuch Deutsch als Fremdsprache

- Rund 30.000 Stichwörter, Wendungen und Beispiele
- Großer, informativer Extrateil
- Markierter Zertifikatswortschatz (ZD)
- Farbtafeln und Illustrationen

Langenscheidt Power Wörterbuch Deutsch

- Über 50.000 Stichwörter, Wendungen und Beispiele, leicht verständlich erklärt
- Illustrierende Beispiele, idiomatische Redewendungen und Hilfen zum Lernen
- Info-Fenster zu Sprache und Landeskunde, Zeichnungen und Farbtafeln
- Großer Extrateil: Übungen zum Umgang mit dem Wörterbuch, landeskundliche Informationen, deutsche Kurzgrammatik

www.langenscheidt.de

Langenscheidt
...weil Sprachen verbinden